욕먹지 않기 위한 깨달음

욕먹지 않기 위한 깨달음

초판 1쇄 발행 2026년 1월 30일

지은이 김정익
펴낸이 장길수
펴낸곳 지식과감성#
출판등록 제2012-000081호

교정 이주연
디자인 정윤솔
편집 정윤솔
검수 한장희, 이현
마케팅 김윤길

주소 서울시 금천구 벚꽃로298 대륭포스트타워6차 1212호
전화 070-4651-3730~4
팩스 070-4325-7006
이메일 ksbookup@naver.com
홈페이지 www.knsbookup.com

ISBN 979-11-392-3062-8(03100)
값 17,000원

지식과감성#
홈페이지 바로가기

욕먹지 않기 위한 깨달음

김정익 지음

일상의 철학

아는 것, 깨닫는 것,
그리고 실천하는 것은
전혀 다른 세계에 발을 들여놓는
것같이 매우 어려운 일이다.

지식과감성#

목차

서문:
이 글을 쓰는 목적

한국 사회는 물질적으로는 풍요롭게 되었지만 인간적으로 성숙되었다고 하기는 어렵다. 사회의 풍조는 오히려 인간성이 퇴보하는 느낌마저 있으니, 그로 인한 불편함과 마찰이 종종 생기고 있다. 성숙한 인간, 품격 있는 사회를 위한 강조도 이루어지고 있지 않으니, 인간성은 오히려 퇴보하는 듯한 느낌이다.

사람들은 곳곳에서 자기 개성을 드러내나, 대부분의 경우 미성숙한 인간성 때문에 여러 사람이 피곤하다. 종교를 비롯한 교양서적들은 많이 있으나, 이런 자료들이 인간성을 나아지게 하지는 못했다. 일반적으로 좋은 책 읽기를 권장하나, 독서가 인격의 발전으로 직결되지는 않는다. 책이 넘쳐나는 시대에 교양도서의 독서만으로 인격이 고양된다면 한국은 벌써 좋은 사회가 되었을 것이다. 그것은 독서 이외의 다른 부분이 중요하며 강조되어야 한다는 것을 의미하는데, 그런 부분이 부각되지 않고 있는 것이다. 지금까지의 한국에서의 교육은 중요한 부분이 빠져 있다고 할 수 있다.

좋은 자료들이 있다 하여도 자기 자신의 깨달음이 없으면, 인격은 고양되지 않는다. 여러 자료를 습득하여 지식은 많아지더라도, 그것이 자아의 발전으로 연결되지 못한 이유는 스스로의 깨달음을 위한 노력이 부족하기 때문이다. 자아의 발전을 위해서는 또 다른 과정과 훈련이 필요하다는 것을 모르고 있으며, 권장도서들 중에서는 그런 깨달음의 과정을 설명한 책이 없고 어떻게 노력해야 하는지에 대한 방법을 설명한 책도 없다. 지식만 쌓고 깨닫기 위한 훈련을 하지 않으니, 사람과 사회가 나아지지 않는다.

지식의 습득과 깨달음 사이에는 상당한 거리가 있고, 깨닫고 실천하기 위해서는 깊은 생각과 훈련을 장기간 반복하여야 한다. 훌륭한 인격이란 이러한 반복적 훈련의 결과가 생활 속에서 자연스럽게 나타나는 것을 의미하기 때문에 결코 쉽거나 간단한 일이 아니다. 이러한 과정은 교양도서의 독서보다 더 힘들고 긴 시간이 요구되는 과정이니 결코 만만히 볼 일이 아니다. 그런 의미에서 볼 때, 독서는 깨달음을 위한 초보적인 과정에 지나지 않는다. 더 중요한 것은 그다음의 과정이다. 그렇기 때문에 인생의 무게감과 풍요로움이 묻어나는 고품격 인격이 배양되기 위해서는 세월이 필요한 것이다. 즉 인생 자체가 훈련 과정인 셈이다. 그래야 스스로 내공이 쌓인 것을 느낄 수 있으며, 다른 사람과의 마찰도 피할 수 있고, 온화하고 따뜻한 반응을 할 수 있다. 이런 사람들이 많아져야 흐뭇하고 아름다운 사회가 될 수 있는 것이다.

한국 사회에서는 이 점이 강조되지 않기 때문에 사람들은 독서만 하고 멈추어버리는 경향이 있으며, 성숙함에 도달하지 못한다. 독서 이후에 사색과 훈련이 필요하고 더 중요하며, 그 방법을 제시하는 것이 이 글의 목적이다.

이 글은 종교적 피안의 세계에 도달하거나 도인이 되기 위한 글이 아니며, 우리가 일상적으로 마주치는 사람과의 관계에서 보다 품위 있고, 아름다움과 흐뭇함이 넘쳐나는 관계를 만들기 위한 글이다. 그런 사람들이 많아져서 훨씬 더 품위 있는 사회가 되기를 희망하는 차원에서 제시하는 글이다. 그런 사회에 사는 것이 인간이 할 수 있는 최대한의 가치이고, 추구해야 할 목표이며, 그것이 바로 최대한의 행복이다. 우리가 사는 이 사회에서 천국을 구현하기 위해, 많은 사람들의 내공이 더 깊어졌으면 하는 바람이다.

1부

인간과 깨달음

품격 없는 사회

오늘날 우리는 어떤 사회에서 살고 있는가? 우리가 살고 있는 사회가 정이 넘치고, 배려심이 있고, 서로 존중하고 사랑하는 사회면 좋으련만, 애석하게도 그런 모습은 사라진 지 오래고, 각박함만 남아 있다. 시골 어느 구석에 그런 모습이 남아 있는 곳이 있는지 모르겠지만, 이제 한국 사회에서 그런 기대는 하지 않는 것이 좋다. 중국을 여행하는 유튜버 방송에서, 중국 변방에 사는 소수민족의 무엇이라도 내어주려고 하는 시골 인심을 보여준 적이 있는데, 그런 흐뭇한 모습을 더 이상 한국에서 찾아보기는 힘들다. 한국도 과거에는 그랬었다는 기억만 있을 뿐, 이제는 어디를 가든지 철저히 각박하고 살벌한 도시 삶의 태도로 접근하는 것이 일반적이다.

그렇다고 도시적인 삶에 어떤 규율이나 가치가 느껴지는 것도 아니다. 모두 각자 이익에 예민해져 있을 뿐, 삶을 관조하듯이 바라보거나, 양보심이 있다거나, 조금 뒤처질 수 있다는 느긋함이 느껴지지 않는다. 학교 졸업하고, 취직하고, 결혼하고, 자식들을 낳아 키우며 살아가는 과정 자체가 치열하기 때문에 모두 힘들어하고, 낙오자가 생긴다. 소득수준이 낮았던 과거에는 이런 과정이 사회적인 문제가 되지 않았는데, 소득수준이 향상된 지금, 오히려 이런 과정이 더 힘들어졌으니, 아이러니하다. 과거에는 가난하지만 낭만이 있었고, 사회나 국가의 기본 가치나 정신이 살아있었는데, 더 잘살게 된 지금은 그런 정신은 사라지고, 옆도 돌아보지 않으며, 퇴폐적이고, 미래 없이 그냥 되는대로 사는 사람이 많아진 것 같다. 자기 자신만의 안일한 행복을 최우선으로 추구하며, 다른 가치는 중요하지 않게 되었다. 미디어의 발전으로 보고 듣는 것은 많아서 기대수준은 높아졌으나, 현실은 이를 따라가지 못하니 결핍 의식만 더 커질 뿐이다. 소득수준의 향상으로 사람들이 더 여유 있어지고 다듬어지는 것이 아니라, 정신수준이 오히려 퇴보하고 있다. 우리가 이만큼 발전했다는 성취감을 밑바탕으로 더 성숙한 사회를 만들어 가자는 정신은 생기지 않고, 물질적으로는 발전했으나, 정신과 가치는 사라지는 사회가 되었다.

사람은 태어나서 아무것도 모른 상태에서 부모의 보살핌 속에서 자유롭게 성장한다. 그 상태에서는 그저 천진난만하여, 하고 싶은 대로 하여도 그 자체가 재롱이요 자랑이어서, 부모를 비롯한 주위의 사람들은 사랑스러운 눈빛으로 바라본다. 부모는 그런 행동을 바라보며 행복을 느끼며, 될 수 있는 대로 어린아이의 행동을 자제하지 않고, 그들의 요구를 최대한 들어준다. 어린아이의 기를 꺾지 않기 위해 노력하며, 그들에게 최대의 행복을 선사하려 한다.

아이들은 학교에 다니기 시작하면서 행동을 억제하는 훈련을 받게 되고, 하기 싫은 것도 참고 해야 하며, 하고 싶은 것도 하지 못하는 여러 가지 제약에 노출되게 된다. 이런 상황에서 그들이 어떻게 적응하느냐에 따라 그들의 성격과 인격, 능력이 서서히 형성하게 된다. 아이들의 재능이 점차 구분되어 나타나, 각자의 타고난 유전자에 따라 미래의 방향이 서서히 형성되기도 한다. 초등학교 때 형성되는 생활 성향이 각자의 인생 전체에 그대로 반영되는 것은, 환갑이 넘은 초등학교 동창들이 초등학교 때의 이미지에서 크게 벗어나지 않는 것을 보면 알 수 있다. 그때의 성향이 성년이 되어서도 그대로 나타난다고 볼 수 있는 것이다. 무한한 가능성을 가진 시절이기 때문에, 사람에 따라서는 전혀 예측하지 못한 방향으로 성장한 경우도 있지만, 대체로 초등학교 때의 이미지 그대로 가는 경우가 많다.

한국의 중고등학교 시절은 좋은 대학교에 가기 위한 시험 대비 과정으로 볼 수 있어서, 대부분의 학생들은 개인의 성향을 개발하거나 자기성찰의 시간을 갖지 못한다. 이 시기가 사람의 인격 형성에 매우 중요한 시기임에도 불구하고, 학생들은 자신을 돌아보는 시간을 갖지 못한다. 과거로 말하면, 명심보감·소학·논어·맹자 등과 같이 품성과 인격, 인간에 대한 철학을 공부할 시기에 오로지 학과 공부와 성적 향상을 위한 노력만 할 뿐이다. 고전을 읽고 토의하며, 그 뜻을 새기고 체득할 시간을 전혀 갖지 못하여, 육체와 지식은 성장하는 반면, 인격과 도리를 가르치거나, 토의하는 과정은 전무한 것이 한국의 현실이다. 오로지 학교 성적에만 매진하다 보니, 학교 성적이 좋은 사람은 집안을 비롯하여 일가친척, 학교 등에서 자랑스러운 아이가 되고, 그렇지 못한 학생은 기를 펴지 못하거나, 일탈행동을 하거나, 무기력증에 빠지게 된다. 이런 아이들은 학교 교육 본연의 과정에서 일탈하여 뚜렷한 목적 없이 한 시절을 보내게 되며, 오직 일정 수준 이상의 성적을 달성한 사람만이 사람대접을 받는다.

이런 현실에서 전인적인 교육은 이루어지지 않고, 오직 성적을 향상시키기 위한 노력만을 하게 된다. 상위권의 학생들은 일종의 내적 자만심을 간직한 채, 보다 더 나은 성적을 위해 공부에 매진한다. 이들에게 중요한 것은 성적 향상이며, 궁극적으로 상위권 대학의 원하는 학과에 진출하는 것이 목표다. 본인 스스로나 학교, 심지어 부모도 성적에 대한 강조만 할 뿐 전인교육에 대해서는 관심이 별로 없다. 성적 향상에 방해될 어떤 행위도 자제되며, 공부 시간을 뺏는 교육은 축소되거나 없어진다. 음악과 미술 같은 과목의 수업이 별로 중요해지지 않은 것은 오래전의 일이다.

대학에 가면, 교양이라는 명목 아래 비로소 인간과 사회에 대한 여러 가지 교과과정이 소개된다. 다양한 과목들이 마련되고 있으며, 개인의 성장과 사회, 국가, 세계에 대한 개념, 가치관의 확립, 처세 등에 대한 고찰을 할 수 있는 시간들이 제공된다. 대학에서의 이러한 강의 개설은 본인과 주변에 대한 통찰을 할 수 있는 중요한 계기이며, 그동안 시험 준비 때문에 자신을 돌아보지 못했던 청년들에게는 그야말로 필요한 과목들이다.

그러나 이 시기의 이런 과목들이 청년들의 인격 형성에 영향을 미치기는 어렵다. 그 첫째 이유는 이런 내용의 교육들이 필요하기는 하나,

단기간의 교양과목으로 그러한 교육의 성과가 달성되기 어렵기 때문이다. 인간 교육은 생활하는 과정에서 비교적 장기간 습득되어야 하는 것이지 단기간의 교육으로 달성될 수 있는 것이 아니다. 한국의 대학에서 교양과목으로 이 내용들을 교육하기는 하나, 한두 학기 동안의 수업에 그치기 때문에 교육의 진정한 성과를 도출하기 어렵다. 이런 내용들은 어렸을 때부터 익히고, 실천하고, 때로는 지적도 받아가며 익혀야 하는 것이지, 짧은 기간의 교육으로 성과를 기대하기는 어려운 것이다. 두 번째는 강의를 듣는 학생들도 그저 학점 이수에 목적이 있지 그 내용을 음미하고, 실생활에 미치는 영향을 생각하며, 자신을 변화시켜 보려는 생각을 하진 않기 때문이다. 시험을 위한 교육에 훈련이 되어 있었던 학생들이니만큼, 학점 이수 이상의 목표를 생각하기 어렵다. 그뿐만 아니라, 교양과목의 내용은 자신들의 진로에 영향을 미치는 내용들이 아니기 때문에 학점 이상의 가치를 부여하는 경우도 별로 없다. 학생들은 전공 수업의 필요성은 느끼나, 교양은 그저 교양일 뿐 자신들의 진로에 영양가가 별로 없다고 생각한다.

특히, 요즘은 청년들의 취업이 큰 문제로 부각되어, 대학생이 되어서도 일찌감치 미래의 진로를 위한 취업 시험에 매진하다 보니, 중고등학교 시절의 연장이라 해도 과언이 아니다. 70~80년대는 대학에만 들어가면 취업이 보장되던 시절이었지만, 요즘은 취업을 포기한 청년들이 400만이나 되는 시대이다 보니, 교양이나 인격보다 그저 취업을 위한 시험 준비나 자기소개서, 면접에 신경을 더 쓰는 편이다. 과거에는 대학만 들어가면 고생 끝 행복 시작이던 시절이, 요즘에는 번듯한 직장에 취업해야 비로소 얼굴을 들고 다닐 수 있는 시대가 되었다.

과거에는 비록 가난했으나 허리띠를 졸라매면 생활수준이 향상될 수 있었고, 열심히 하면 한 계단 더 올라갈 수 있다는 희망이 존재하는 건강한 사회였다. 그래서 중소기업에 취업하거나 말단 공무원이라 하더라도, 열심히 노력하면 보다 더 잘살 수 있고, 자식들을 공부시켜 비상할 수 있다는 꿈이 이루어지는 시대였다. 그러나 요즘은 모두 대학을 나온 탓에 기대수준은 상승했고, 부족한 대우를 참고 견디기보다는 아예 등을 돌리는 시대가 된 탓에, 취업도 어렵고 사람 구하기도 어렵다. 청년 백수의 대부분이 자신이 원하는 연봉, 직종에 들어갈 수 없기 때문에 아예 취업을 포기한다고 하니, 이들은 자연스럽게 사회의 낙오자로 살게 되는 것이다.

상황이 이렇다 보니, 요즘 시대에는 인격이나 교양과 같은 용어를 말하는 것조차 시대에 맞지 않는 사치가 되어버렸다. 사회는 온통 문제투성이이고, 과거에는 볼 수 없었던 강력 사건들이 곳곳에서 발생한다. 모르는 청년들끼리 연락하고 만나 집단 자살을 하는가 하면, 공권력이 미치지 못하는 사이에 마약이 성행하고, 일면식도 없는 사람을 살해하는가 하면, 자유를 넘어선 방종과 분노가 젊은이들에게 만연되어 있다. 이뿐만 아니라, 사회의 리더라고 하는 사람들은 내로남불식의 사고로 대형 비리를 저지르고도 버젓이 리더 행위를 하고 있고, 이를 단죄해야 할 사법체계는 이들의 눈치를 보는 듯 시간만 끌고 있다. 명백한 범법행위를 한 사람도 제대로 처벌하지 않거나, 시간을 끌면서 면죄부를 주는 행위가 일어나고 있고, 이들을 지지하는 사람들은 그 행위에 대해서는 눈감은 채, 오히려 갖은 이유를 들면서 그들을 옹호하고 있으니, 어느 것이 정의인지, 어느 것을 옳다고 가르쳐야 할지 갈피를 잡을 수 없는 사회가 되었다. 잘못을 했어도, 인기 있고 옹호세력이 있으면, 아무 문제가 되지 않고 오히려 지지를 받는 세상이다. 과거에 군부독재라는 용어로 사회의 모든 부조리를 단죄할 때에도, 사회 정의라는 것이 일반 국민에게 통념으로 자리 잡고 있었고, 그 기준으로 군부를 비판했었다. 그러나 요즘은 정의가 살아있는지, 정의가 무엇인지 반문하지 않을 수 없는 상태이다. 이러한 현상은 정의를 구현한다는 사법기관의 신뢰가 상실되면서 발생하는 현상이고, 그 덕분에 기준이 모호해진 무질서한 사회가 되어버렸다. 자신에게 유리한 정보는 숨기고, 결정적인 시기에 터뜨려 사람들의 판단을 혼란시키고, 자기에게 유리한 주장만 하고 있으니, 일반인들이 볼 때에는 어느 편이 옳은지 알 수가 없다.

70~80년대의 한국은 도약의 단계이기 때문에 국민들에게는 자신과 국가의 성장을 위한 일정한 방향성이 있었다. 그 방향성은 열심히 공부하고, 열심히 일하는 것이었다. 그러면 일정한 성공이 뒤따르는 사회였다. 또한 국가의 체계도 성장을 위한 부분이 주로 발전했기 때문에 제조업, 기업, 무역업, 교육 등등의 분야를 필두로 산업구조가 형성되었고, 이들이 국가 발전의 선도적 역할을 하였다. 이러한 분야에 종사하는 사람들도 자부심과 긍지를 가지고 열심히 일했으며, 기업과 자신들을 발전시키고, 신분상승의 기초를 마련했었다. 그러나 요즘 사회는 이러한 분야 이외의 분야가 더 발전했으며, 미디어와 인터넷의

발전으로 대중매체에 등장하는 종사자의 일부가 스타가 되기 시작했다. 이들은 그야말로 벼락부자가 되었으며, 묵묵히 꾸준히 노력하는 사람들에게 허망함과 부러움을 함께 안겨주게 되었다. 한편, 최저임금의 상승으로, 아르바이트만 하더라도 일정한 수입을 올릴 수 있게 되어, 번듯한 취업을 하지 않더라도 청년들은 그저 그런대로 살아갈 수 있게 되었다. 이런 현상들 때문에 70~80년대의 건강한 학교, 건강한 사회질서와 기풍이 파괴되었다. 열심히 공부해도 대기업과 같은 번듯한 기업에 취업할 가능성은 적고, 그렇다고 별 볼 일 없는 직장에는 다니기도 싫어한다. 학교나 사회에서, 따라잡으려 열심히 노력할 필요가 없는 학생이나 청년들이 양산되고, 이들은 딱히 무언가 의미 있는 일을 하지 않고, 자기에게 위기가 닥치기 전까지는 그저 사람들이 밀려가는 대로 무료하게 가고 있을 뿐이다. 공부는 안 되니 남은 시간에 일탈행위밖에 할 것이 없다. 인권 의식만 높아지고, 사회나 학교에서 적절히 대응하기도 전에 이들은 자기 인생의 낙오자 길로 서서히 들어서고 있는 것이다.

사회가 이렇게 변화하고 있으니, 현재의 한국 사회에는 가치관이 상실되고 있다. 가치관이 상실되고, 정의가 흐트러지며, 모두 자기주장이 옳다고 외친다. 자신의 잘못은 여러 가지 수단으로 가리고, 남의 잘못은 모든 수단을 동원하여 들춰낸다. 남을 지적하는 기준으로 자신의 잘못을 단죄하면, 입이 열 개라도 할 말이 없을 것이건만, 얼굴을 버젓이 내밀고 조명을 받아가며 활개를 치고 다니고 있다. 너도나도 이런 행태이니 일반 국민들도 대체로 체념하고 사는 지경에 이르렀다.

이 같은 인간이나 사회의 체념적 현실은 개인의 발전이나 인간적인 성숙함을 위한 노력에 대한 생각을 잊거나 멈추게 만든다. 모두 대학교육을 받았기에 머리에 든 것은 있다고 생각하지만, 그 지식은 사실 수박 겉핥기에 지나지 않을 뿐인데, 사람들은 그것을 모른다. 그들은 자기들이 각성 즉 깨인 사람인 것처럼 한 목소리 하기를 주저하지 않으나, 자기 자신을 돌아보는 노력은 하지 않는다. 그 결과, 그럴듯한 말에 선동되기 딱 좋은 성향이 되어 버리는데, 예를 들어, 요즘 한국 사회에서 민주, 민중, 사람, 인권, 평등, 자치, 최저임금, 나눔, 봉사 등의 용어들이 들어간 문구를 외치면, 소위 무언가 의식 있는 사람인 것처럼 여겨지는 현상이 바로 그런 것이다. 현실적 구현의 어려움은 뒤로하고, 이러한 용어들은 항상 정치판의 전면에 등장한다. 대학 졸업 후 다행스럽게도 웬만한 직장이라도 다니고 있으면, 그것으로 자기 발전을 위한 노력은 멈추고 만다. 은퇴를 앞두기까지 대부분의 사람들이 자신이 어떤 사람인가 살피기를 멈춘 채 이렇게 산다.

대학 졸업 후 직장을 가지고, 가정을 가진 후, 나이가 들어 중년이 되고, 은퇴를 한다. 이 약 40년의 기간 동안 사람들은 자신들의 사고방식과 가치관, 성격대로 자기주장을 하면서 살아간다. 이 불완전한 사람들이 자기 자신은 똑똑하고 아는 것이 많고, 옳다고 생각하며 살아가지만, 정작 그들을 상대해야 하는 사람들은 많은 불편을 감수해야 한다는 사실을 인지하지도 못한다. 그들은 사람은 완전하지 않다는 데에는 일반적으로 동의하며, 자기 자신도 완전하지 못하다는 데에도 동의하지만, 자기가 어떤 면에서 고칠 점이 있는지는 알지도 못하고, 알려고도 하지 않는다. 완전하지 못하다는 점을 경구(警句)로서는 알고 있지만, 자신을 변화시키기는커녕 그 경구를 자기 자신에 비추어 볼 생각도 하지 못한다. 어릴 때부터 자신을 돌아보는 훈련을 하지 않았기 때문에 이러한 과정에 얼마나 많은 노력이 필요한지조차 알지 못한다. 그 때문에 고전과 같은 좋은 말들은 공중에 떠 있는 슬로건에 지나지 않고, 자신이 그런 말을 언급한다 해도, 실천과는 무관한 말이 되고 있다. 이런 사람들이 수십 년을 살면서 얼마나 많은 사람들과 접촉하는지, 그리고 그들에게 얼마나 많은 불편을 초래하면서 살아가는지 알지도 못한다. 이런 사람들이 자기들의 모난 부분을 알고 고친다면, 세상은 보다 품위 있는 세상이 되겠건만, 그렇지 못한 까닭에 한국 사회는 고급스러운 가치관이 부족하고, 너도나도 한 목소리하는 불편한 사회가 되어 버렸다.

품격 있는 선진국이라면, 성숙한 시민의식이 공통된 가치로 수렴되어 있어야 한다. 그런 사회에서는 일반적으로 자기 생각을 그렇게 열심히 주장하지 않아도 되며, 주장보다는 의견 제시의 성격이 강하고, 양보의 느낌이 있으며, 가치관의 다름이 크지 않아 대개는 별문제 없이 마무리되는 듯한 느낌이 있다. 그에 비하여 한국 사회에서는 상대방의 반응에 신경을 쓰는 관계로 눈치를 봐서 조심스럽게 접근해야 하며, 의견이 다를 경우에 발생할 돌발적인 반응에 대비해야 한다. 한국에서는 각자 의견의 다름이 크고, 그것을 가감 없이 주장하기 때문에 설득 내지는 언쟁을 해야 하는 경우가 발생하고, 언쟁이 큰 다툼으로 발전되지 않도록 하는 불편을 감수해야 하는 피곤함이 있다. 이 때문에 품위 있는 사회에서의 인간관계가 노년기 지형처럼 순탄하다고 한다면, 한국에서의 인간관계는 장년기의 지형처럼 험난한 과정을 헤쳐 나가야 한다고 할 수 있다.

이런 사회에서 인간성의 아름다움이란 찾기 힘들다. 사람이 사람을 마주했을 때, 저 사람이 나에게 어떤 공격성을 보일까(물리적인 공격성이 아니더라도)를 걱정하고 경계하게 되는 사회가 아니라, 상대방의 사고방식이나 행동이 나의 그것과 크게 다름을 걱정할 필요 없이, 그저 내가 생각하는 대로 행동하여도 상대방에게 실례가 되지 않을 사회, 그래서 불편함을 걱정하기보다는 시종일관 상냥한 관계로 지낼 수 있다는 믿음이 존재하는 사회가 만들어지는 것이 바람직하다. 가끔 보도되는 선량한 시민의 선행을 통해, 우리 사회에도 아름다운 요소가 남아 있다는 것을 보기는 하지만, 이런 경우는 극히 일부분에 지나지 않다. 대다수가 자신의 이익 추구에 급급한 삶을 살다 보니, 배려나 희생, 양보가 부족하고, 나는 옳고 잘못은 네 탓이며, 약간의 손해도 볼 수 없고, 남보다 먼저 쟁취해야 한다는 인식이 우리의 마음속에 자리 잡고 있다. 그 때문에 불필요한 에너지의 낭비가 심하고, 일상생활에 짜증이 수반된다. 인간에게는 여러 가지 능력이 있는데, 그것을 상대방에 의한 불편을 감수하는 데 소모하는 것이 아니라, 인간관계에서 싹틀 수 있는 아름다움을 창조하는 데 쓸 수 있는 사회가 될 수는 없을까? 왜 한국 사회는 품격 있는 사회에서 보여주는 온화하지만 고급스러운 문화로 수렴되지 못하는 것인가?

아름답게 살려면 나만 그래서는 안 된다. 사회 전체가 그런 습속(習

俗)에 젖어야 한 단계 업그레이드된 사회가 될 수 있다. 그러나 한국 사회의 문화를 볼 때, 이런 사회로의 도약이 어려운 것 같으니 안타깝기만 하다. 한국에 고속도로가 생긴 직후, 고속도로 휴게소에 설치된 화장실 집기들을 떼어 팔아먹던 시절도 있었다는 것을 생각하면, 그러한 도약이 불가능하다고 할 수는 없으나, 우리의 민족성이나 문화의 지속성을 생각할 때, 현 수준 이상의 아름다움을 기대하기는 힘들 것이라고 생각하게 된다. 잘살게 되어, 화장실 변기나 문고리 같은 것들이 흔해지게 되면서 휴게소의 약탈행위는 사라졌지만, 물질적 풍요가 정신적 풍요로 자동적으로 이어지지는 않고, 인격의 고급화를 달성하기 위한 시도 또한 이루어지고 있지 않다. 경제적 풍요의 결과, 한국 사회에서 과거의 야만적 투쟁이 없어지고 일종의 여유가 생겼다고 할 수는 있으나, 그것은 마치 초겨울 살얼음과 같은 표면적 여유에 지나지 않고, 개인의 인간성에 조금이라도 깊은 자극이 들어간다면, 내면에 준비되어 있던 야만적이고 저질적인 본능이 여지없이 튀어나오는 것을 우려하지 않을 수 없다. 이런 것이 민족성이며 문화인데, 이것을 개선하여 보다 품위 있는 사회로의 발전이 있어야 한다. 그리고 이러한 발전을 위해서는 모두가 각자의 사고방식과 행동에 대하여 자기 성찰을 통한 변화가 있어야 한다.

세계 속의 한국이 되면서 선진국의 문물을 습득하여 자신을 성찰할 수 있는 자료들은 무궁무진하다고 할 수 있다. 정신세계에 영향을 미칠 수 있는 온갖 지식은 도처에 널려 있다고 볼 수 있기 때문에 몰라서 못 한다는 말은 할 수 없다. 그러나 이러한 자료들은 지식을 위한 지식으로 남는 것이 대부분이고, 안다는 것에 그치는 경우가 대부분이다. 자신을 변화시켜 고급스러운 인격으로 탄생하기 위해서 그렇게 많은 지식이 필요한 것도 아닌데, 한국에서는 지식의 양적 많음을 추구하면서도, 그런 지식을 통해 자신이 변화되는 노력을 강조하지는 않은 것 같다. 어린이에게는 고전 문구를 인용하면서 "그렇게 행동하면 안 돼." 하겠지만, 성인이 된 후에는 지식 습득 이후의 실천과정에 대한 교육이 없고 각자에게 맡겨버리기 때문에 머리에 기억된 것으로 끝나버린다. 공자와 맹자의 교육 내용을 보면, 실제 일어난 일에 대해 질문하고 답하는 교육이 이루어진 것을 볼 수 있는데, 이러한 과정을 통해서 실생활에 어떻게 행동해야 하는지에 대한 교육이 중요한 것이다.

안다는 것과 행동한다는 것은 일견 매우 쉬운 것처럼 보이지만, 그리 쉽다고는 할 수 없다. 컴퓨터 매뉴얼과 같이 단순한 것은 아는 것과 실행하는 것이 직결되지만, 길 가는 노인을 부축해 주거나, 뒷사람을 위해 문을 잡아주는 것 같은 단순한 행동에서부터 시작하여, 자기의 돈과 노력이 수반되거나 이해관계가 달려 있는 경우에 대해서, 아는 것을 즉각 실천하기 어렵다. 고급스러운 문화를 위해서는 몇 번 더 생각하고, 그에 따라 실천할 수 있는 노력을 해야 한다. 안다는 것과 행동한다는 것 사이에는 큰 강과 같은 장애물이 있으며, 이 강을 건너는 노력을 몇 번 곱씹어야 하는 것이다. 이러한 과정은 단기간에 습득될 수 있는 것이 아니며, 행동으로 발현되기까지 내키지 않은 순간을 극복하는 과정이 몇 번이고 되풀이되어야 이루어질 수 있다.

사회나 국가의 가치관 변화는 개인 이외의 요소에 의해 좌우되는 경우가 많다. 경제적 기반의 변화나, 사회적 인식의 변화, 개인의식의 변화, 과학기술의 변화, 관계의 변화 등에 의해 사회적 가치는 변한다. 이러한 변화를 논의하는 학문이 사회학, 정치학 등이며, 고대사회에서부터 현재에 이르기까지 무수한 담론들이 생성되었다가 사라졌고, 한 시대에 우세하던 담론이 다른 시대에서는 천대받기도 한다. 시대가 발전하는 과정에서 상황이 변하면, 새로운 상황에 적합한 이론이 만들어지고, 과거 사상을 비판한다. 그러나 그 후대 사상가는 또 다른 상황 변화를 예로 들면서 과거 주류 사상가를 비판하고, 다른 사상을 전개하면서 새로운 주류를 형성하지만, 이마저도 영원하지 못하고, 미래에는 또 다른 비판을 받게 된다. 그에 따라 진리, 정의의 개념도 매우 다양하고 또 변한다. 경우에 따라서는 과거 주목받지 못한 사상을 부활시켜 새 시대의 주류 사상으로 삼기도 한다.

개인의 사고방식도 마찬가지다. 사회적 변화에 따라 구식 사고를 하면 비난을 받는다. 소위 '라때에는~'이라는 말을 하지 말아야 한다는 것이 이러한 예이다. 시대의 변화를 무시하고 고리타분한 사고를 고수하면 환영받지 못하고, 멀리하게 된다. 개인이 변화를 무시하고 꼰대 짓을 하는 것은, 자기 성찰을 하지 않은 채 자기의 의견을 고수하며, 그것을 주장하거나 남에게 강요하기 때문에 발생한다. 남녀노소를 불문하고, 불완전한 신조를 고수하며 자신을 변화시키려는 고찰을 하지 않을 경우, 그것은 결국 그들이 접촉하는 상대방을 불편하게 만드는 것이다. 상대방은 그들의 행동을 이해하거나 참거나 미리 피하는 등의 불편을 겪는다. 때로는 이러한 행동이 사회적 갈등의 요인이 되며, 급기야는 다툼의 원인이 되기도 한다. 상대방이 이해력이 있는 경우에는 갈등을 피할 수 있겠지만, 비슷한 사람과 마주친다면, 이는 필시 언쟁으로 발생할 가능성이 크다. 자기의 소신과 행태를 굽히고, 자신을 돌아보며, 보다 고차원적인 아름다운 사회를 만들기 위해 스스로를 돌아봐야 한다.

욕먹는 사람들

우리 주위에는 수많은 사람들이 있으며, 그 사람들을 구경하는 것이 재미있기도 하다. 어쩌면 그렇게 다양한 캐릭터를 가지고 있는지 희한하다. 모두 비슷한 환경과 유사한 교육제도에서 교육받고, 비슷한 과정을 거치면서 성장하였는데, 어떻게 그렇게 다양한 사고와 성격을 가지고 생활하는지 참으로 의아하다. 범죄자나, 되는대로 인생을 살아온 사람들은 별도로 하고라도, 대학이나 대학원을 나왔으며, 번듯한 직업이 있고, 중상류층 이상의 삶을 영위하는 사람들조차 치명적인 결점을 갖고 있어 주변의 다른 사람을 매우 불편하게 하는 사람들이 허다하다. 그런데 정작 자신들은 그런 결점을 모르고, 주변 사람들이 불편해하는 것도 알아차리지 못한다. 인간관계를 고려하여 정면에서 대놓고 반박하기 어려워 참아주고 있음도 알아채지 못한다. 그들과 함께하는 시간은 다른 사람과 함께하는 것보다 훨씬 더 많은 에너지를 필요로 한다. 반박하고 싶은 순간들을 참아야 하며, 사람 만나서 즐거운 것이 아니라 괴로운 시간을 감내해야 한다. 이런 사람들을 피하는 것이 상책이나, 사회생활을 하노라면 불가피하게 같이 지내야 하는 경우가 발생하기 때문에 피하기도 어렵다. 어쩔 수 없이 상대하기는 하지만 이러한 사람들은 최소한 자신들의 행위가 타인에게 커다란 불편을 초래하고 있다는 사실만이라도 알았으면 한다.

상대방이 초래하는 불편을 일시적으로 참을 수도 있고, 자주 접촉하지 않기 때문에 잊고 있을 수도 있다. 그러나, 불편의 강도에 따라, 아무 일 없이 지나가기도 하지만, 불꽃이 튀며 분위기가 험악해지기도 한다. 내공이 깊다면 그것까지도 이해하면서 가볍게 지나가겠지만, 참을성이 얕다면 같은 수준의 대응이 일어나고, 한바탕 해프닝이 일어나게 될 가능성이 크다. 사람을 가려서 만나지 않는 이상, 행복하기만을 기대할 수 있는 만남은 그리 많지 않은 것 같다. 은퇴 이후의 삶에 대한 조언에서, 만남과 친구를 정리하고 좋은 사람 위주로 만나라는 조언이 많은 것을 보면 불편한 만남이 그만큼 많다는 것을 의미한다.

우리를 불편하게 하는 사람의 종류도 다양한데, 그 유형의 한 가지는 일관성 없이 매우 말이 많은 유형이다. ○○ 씨는 교사다. 그는 순간순간 모든 사건에 대해 그럴듯한 이유를 대면서 자신을 합리화하는데, 그 이유라는 것이 사안에 따라 달라서 일관성이 없다. 자신을 합리화하는 것뿐만 아니라, 그의 과거 발언과 현재 발언을 비교해 보면 정반대되는 말을 하는 경우가 허다하다. 그때그때의 말은 일견 타당해 보이기도 하지만, 그 상황에서만 적합하고, 말만 번지르르하게 하는 경우가 대부분이어서 이 사람이 과연 일관된 철학을 갖고 있기나 한 것인지 의심이 된다. 상황에 따라 말이 다르기 때문에 생활의 기조가 어떤 것인지 파악할 수도 없다. 되든 안 되든 갖고 있는 모든 지식을 총동원해서 상황을 설명하고, 자신을 변호하지만, 이미 신뢰성을 잃고 있기 때문에 아무도 귀담아들으려고 하지 않는다. '배려'라는 말을 자주 하지만, 정작 자신의 말과 행동에는 배려심이 담겨져 있지 않거나, 배려가 어떤 것인지도 잘 모르는 것 같다. 그의 말이나 행동을 보면 순간적인 자신의 이익 확보가 우선이 되고 있음을 느낄 수 있다. 그러면서도 말을 참거나 삭이는 훈련이 되어 있지 않아 쉴 새 없이 말을 하여 주변이 피곤하고, 귀가 왕왕거릴 정도이다. 심지어 남들이 자신을 싫어한다는 것을 안다고 하면서도, 자신을 고치려고 하지 않는다.

두 번째의 유형은 그릇이 작은 유형이다. ○○ 씨는 외국 박사학위를 보유한 연구원이다. 이 사람은 불교 신자로서 그의 서가에는 불교 서적도 많이 꽂혀 있고, 부처님 말씀을 종종 인용하기도 한다. 불교의 논리는 얼마나 정연한가? 부처님의 도를 체득하고 실천한다면, 그야말로 바랄 것이 없는 아름다운 세상이 될 것이다. 그런데 이 사람의 치명적인 단점은 그의 그릇이 매우 작다는 데 있다. 부처님의 도를 많이 인용하는데, 그것을 작은 것을 탐하는 소탐(小貪)에 적용한다. 그 때문에 이 사람이 하는 말을 듣고 있노라면 말의 의도를 뻔히 알 수 있다. 다른 사람을 포함한 전체를 고려하면 분명 타당하지 않은데, 이 사람은 그런 쪽에는 생각이 미치지 못하고, 자기 이익만 고려한다. 그리하여 전체적인 수준에서는 인정받을 수 없는 방향으로 일을 추진하게 된다. 전형적인 소탐대실(小貪大失)형으로서, 눈살 찌푸리는 행동을 하지만 본인은 인식하지 못한다. 결국 작은 이익은 얻을 수 있을지 모르나, 자신의 평판을 비롯한 다른 큰 이익이 관여된 곳에서는 자신도 모르게 배제되게 된다. 불교 특히 한국의 대승불교는 자신의 목적을 내세우지 않고, 자신과 주변을 비롯하여 중생의 평안과 열반을 목표로 하는 것이건만, 이 사람은 자신과 관련 있는 작은 이익에 집착한다. 무소유가 아니라 내 소유가 우선이다. 자기 이익과 관련 없는 곳에서는 부처님 말씀을 동원하지만, 자신의 이익과 결부된 곳에서는 양보가 없다. 그의 무소유는 내 것을 챙긴 이후 잃을 것이 없을 때 찾는 용어다. 그렇게 작은 것을 탐할 바에는 부처님 말씀 운운하며 번지르르한 말이나 하지 말았으면 한다.

셋째로 자기에게는 관대하나, 남에게는 까다로울 정도로 인색한 형을 들 수 있다. ○○ 씨는 고급간부 출신이며, 항상 자기발전을 추구하는 사람이다. 저명한 사람의 저서를 찾아 읽으며, 종종 그런 사람들의 강의를 참관하기도 한다. 그는 '누가 어떤 말을 했다'는 인용을 종종하면서, 유명인사의 발언을 자기주장의 근거로 사용한다. 그의 말만 들으면 매우 유식하고 끊임없이 자기발전을 추구하는 사람으로 인식될 수 있다. 그는 시간 날 때마다 도서관에 가서 마음의 양식이 될 만한 서적을 읽는다. 그리고 책이나 강연에서 들은 내용을 사람이 추구해야 할 지표로 삼는다. 그런데 토론을 해보면, 자신의 사고에 기반하여 삶의 기준을 설정하는 것이 아니라, 누가 어떤 말을 했다라는 것을 자기 사고의 근거로 삼는 듯하다. 그런데 그 근거라는 것이 자신의 생각과 일치하는 방향의 사례만 취사선택하는 경향이 있다. 반대의 논리가 더 타당하더라도, 자신의 생각과 맞지 않으면 받아들이려고 하지 않는데, 그렇기 때문에 이 사람의 언행에는 배려심과 균형감각이 부족하다.

이 사람의 치명적인 단점은 남을 지적하는 데 거침이 없다는 것인데, 그 기준이 일반적인 것보다 훨씬 지나치다는 것이다. 일반적으로 보면 아무 문제 없고, 그냥 넘어갈 수 있는 것임에도 불구하고, 본인 기준에서는 지적하지 않을 수 없는 문제로 보는 것이다. 그런데 그 본인 기준이라는 것이 도가 지나친다. 별문제 없는 사안에 대해서도, 꼬투리를 잡는 듯 세밀한 부분을 추궁하는데, 그것이 자기만의 기준이며 다 맞춰줄 수 없는 기준으로, 어떻게 그런 생각에 도달하게 되었는지 궁금할 정도다. 자신도 유사한 실수 또는 상대방의 기대에 어긋나는 행동을 하는데, 그 행위에 대해서는 별 관심이 없고, 상대방의 유사한 행동에 대해서는 가차 없는 지적의 칼날을 들이댄다. 타인의 입장을 고려하거나 자신의 실수에 대해 생각하거나, 사소한 것은 참고 넘어가거나 하는 일은 없다. 상대방을 질책하고 추궁하여야 직성이 풀리는 사람이다. 그렇기 때문에 그를 아는 모든 사람은 다 그를 싫어한다. 이런 평가를 넌지시 또는 농담 삼아 그에게 이야기해 주더라도, 그는 자신을 변화시키려는 노력을 하지 않는다. 자기발전을 위한 독서와 강연에는 다닐지라도 자신을 돌아보고 변화시키려는 노력을 하지 않기 때문에 지식은 습득될지 모르나, 진정한 자기발전은 이루어지지 않는다.

넷째의 유형은 자기 자신밖에 모르는 형태이다. ○○ 씨는 모임의 연장자로서 유명 외교관의 형이다. 그는 동호회에서 테니스를 즐기는

데, 그의 문제는 자기 자랑은 엄청 열심히 하면서도, 배려심이나 베풂이 없다는 것이다. 테니스 실력은 별로 없어서 사람들은 그와 같이 운동하는 것을 기피하는데, 그는 항상 일찍 나와 코트를 점령하고 있어, 자기와 같이 운동할 수밖에 없는 상황을 만든다. 코트가 부족한 관계로 사람들이 마지못해 그와 같이 운동을 하기는 하지만, 될 수 있으면 피하려고 한다. 한 게임이 끝나면 다른 사람을 위해 자리를 양보하면 좋을 텐데, 휴식도 없이 코트에 버티고 있으니 연장자를 끌어내릴 수도 없는 다른 멤버들은 냉가슴만 앓을 뿐이다. 그는 자기 동생과 자식들의 자랑을 열심히 하지만, 식사 한번 사는 일 없이 코트에서 연장자 대접만 바라고 있다. 다른 사람들은 이 사람이 코트에 나타나지 않기를 바라지만, 그런 기대마저도 이루어지는 일이 거의 없다.

다섯째는 열심히 하기는 하는데 다른 사람이 별로 반가워하지 않는 형이다. ○○ 씨는 고위 공무원 출신이다. 그는 평소에 매우 말이 많으며, 상대방이 좋든 싫든 상관없이 자기가 하고 싶은 말을 하는 사람이다. 하고 싶은 말을 해야만 스트레스가 풀리는 것처럼 때로는 조용히 있고 싶을 때에도 시도 때도 없이 말이 많다. 그는 다른 사람이 모를 것 같은 내용을 알려주려는 선한 의도를 가지고 있다고 말하지만, 듣는 사람들은 경우가 다르다. 궁금한 사항을 말할 때는 모두가 경청하지만, 그렇지 않을 때에는 소음일 뿐이다. 남들의 반응에 상관없이 떠들어 대기 때문에, 이 사람과 같이 있을 때에는 무한한 인내력이 필요하며, 때때로 긍정적 반응도 해주어야 한다. 말이 많은 만큼 자기주장도 강하여, 무리 중에서 자기가 하고 싶은 일을 선도적으로 이야기함으로써 다른 사람들이 마지못해 따라가게 되는 상황을 만든다. 이야기해도 되는지 안 되는지 눈치를 보지 않으며, 다른 사람들의 의사를 살피는 미덕이 부족하다. 이 사람도 '배려'라는 언급을 자주 하지만, 그런 용어를 자주 사용하는 사람치고 배려심 있는 사람이 별로 없다. 그들은 어쩌다 자기가 배려해야 할 때라고 인식할 때에만 배려의 말을 하지만, 실제로 배려하는 사람들은 배려라는 용어를 사용할 필요가 없다. 평소에 배려심이 있는 사람은 생활 자체가 배려의 생활이기 때문에 굳이 배려라는 용어를 사용할 필요가 없으며, 자신의 행동이 배려로 인식되는 것조차 겸연쩍게 생각하기 때문에 말로 표현하지 않는다. 오히려 배려해 준다고 말하는 것에 대해 일종의 거부감조차 가지고 있다. 이 사람은 자신의 언행에 자제를 필요로 하나, 그것이 부족하여 항상 본능이 튀어나오고 다른 사람들을 불편하게 한다.

여섯째의 형태는 남들을 자기 의사대로 사용하려고 하는 사람이다. ○○ 씨는 박사이고 정책부서에 오래 근무한 경험이 있다. 그는 남다른 시각과 성실성으로 인정을 받아 중요한 업무를 많이 담당했었다. 그의 성장과정은 인간 승리라고 할 만큼 많은 역경을 이겨냈으며, 외국에서 박사학위를 받기까지 하였다. 그는 정책부서에 근무하면서 관행처럼 여겨지던 부조리를 척결하고 조직의 발전에 기여하였다. 그러나 이렇게 능력 있는 사람도 자신의 후배나 하급자들을 자기 일의 부속물과 같은 취급하는 경향이 있다. 반면, 선배나 상급자라고 생각되는 사람에게는 충성하는 자세를 보임으로써 전근대적인 관행에 익숙해 있는 사람이다. 자신의 목적 달성을 위해서는 하급자의 생각이나 사정은 별로 고려하지 않고, 자기주장대로 움직여지길 바라며, 후배이지만 필히 동의를 구하여 진행하여야 하는 일임에도 불구하고, 자기 마음대로 일을 진행시켜 후배를 곤란하게 하는 일이 종종 있다. 이 사람은 후배의 의견이나 의사는 아예 문의해 볼 가치조차 없는 듯, 본인의 의사대로 결정하고 따라오라는 식의 사고방식을 가지고 있다. 후배가 곤란해할 것 같은 생각은 별로 하지 않는 듯하다. 때로는 금전적인 문제가 수반되는 일에 있어서도 암묵적으로 후배가 모든 것을 처리해 주기를 바라기도 한다. 반면, 본인의 금전적 이익에 관련된 상황에서는 보수 없이 후배를 동원하기도 하는 등 전근대적인 수직적 관행을 이용한 자기 이익 챙기기를 주저하지 않는다.

일곱째의 형태는 자신에 대한 자존감이 너무 높아 다른 사람의 의견을 제대로 참고하지 하지 않으며, 일 처리에 있어 균형감각이 없어 조직을 혼탁하게 하는 사람이다. ○○ 씨는 주요국가 대사를 지낸 외교관이다. 이 사람은 외교관답게 겉으로는 매우 겸손하고 양보심 있게 보인다. 자기주장을 선도적으로 제시하는 경우도 없으며, 단체의 결정을 잘 준수하고, 유화적으로 보인다. 그러나 이 사람이 리더의 위치에 있을 때 보인 처신은 리더가 아닐 때와는 전혀 다른 면을 나타낸다. 그는 단체와의 최초 약속을 지키지 않고, 전체 의견이 아니라 지방색에 의한 일부 의견만 청취하며, 공지를 통하여 전체 의사를 수렴하는 것이 아니라, 일방적인 결정을 하곤 한다. 마치 어떤 일부 인사와 중요한 결탁이 있는 것같이 행동하며, 그 인사의 의사는 적극적으로 반영하면서, 다른 사람들의 의사는 들어보려고 하지도 않고, 일방적 조치를 취하곤 한다. 단체의 일원이었을 때의 겸손하던 행동은 어디로 사라지고, 일방적이고 독단적인 결정으로 다른 인원에게 불만의 원인을 제공한다. 이 사람이 초기에 보이던 겸손 뒤에는 독단이 잠재되어 있었던 것이며, 칼자루 잡은 위치에 도달하자 겸손의 장막을 걷어 젖히고 자기 뜻대로 칼을 휘두르는 것이다. 이 사람은 자신의 권위를 스스로 높게 평가한 나머지, 전횡을 막기 위한 완곡한 제언에도 화를 낸다. 이 사람은 의견 수렴을 통하여 평화롭게 모임을 이끌어갈 수 있음에도 불구하고, 누군가에게 휘둘리는 듯한 리더십을 보임으로써 모임에 불협화음을 제기하는 원인이 되고 있다.

여덟째의 형태는 처신 위주로 간사한 행동을 하는 형태다. ○○ 씨는 대학교수인데, 이 사람도 외견상으로는 겸손하며 모두에게 친절하다. 인격적으로 볼 때 아무런 문제가 없어 보이는 사람으로 존경받을 만한 캐릭터를 지녔다. 특별한 문제가 발생할 때까지 이 사람은 정말 나이스한 평을 받았다. 이 사람은 모두에게 좋게 보이려고 하기 때문에, 갈등이 생길 만한 문제에 봉착해서는 슬며시 발을 빼며 뒤로 빠지고, 갈등 당사자인 이쪽저쪽에 동조하는 듯한 발언을 함으로써 양쪽으로부터 인기를 유지하는 처세를 하곤 한다. 또한 어떤 사소한 일일지라도 문제가 생길 수 있는 자리는 회피함으로써 부담을 피한다. 대부분의 인간관계가 그렇듯, 뒤로 빠진 사람은 곧 잊히고, 문제 될 상황에 개입되지 않기 때문에 시간이 지나면 이미지 손상 없이 그런대로 무난하게 지낼 수 있다. 이 사람은 이런 식으로 행동하다 보니, 여기저기에 동조하는 것이 습관화된 듯하다. 최초 그를 상대하는 사람은 자신의 의견에 동조하기 때문에 매우 친밀감을 느끼게 되고, 동지로 여기게 되나, 이 사람의 동조는 진정한 동조가 아니라 처세의 일환인 영혼 없는 동조이기 때문에 의미가 없다는 것을 알아차리지 못한다. 그런데 이 사람은 반대쪽에 가서도 동조하는 듯한 발언을 한다. 이 사람은 이쪽에서 한 말을 곧 잊어버리며, 기억한다 하더라도 자기는 그런 뜻이 아니었다고 말한다. 자기가 한 말을 번복하거나, 의미를 살짝 바꾸거나, 잊어버렸다고 종종 말한다. 듣는 사람은 들은 순간부터 그 말의 중요성을 인식하고 기억하고 있음에도 불구하고, 애초부터 자기의 말에 중요성을 부여하지 않고 있었던 것이다. 그저 상대방의 입장에 맞춰준 것일 뿐, 자기의 의사는 말과는 별개이고, 나중에 자신의 말과 전혀 다른 행동을 한다. 나중에 왜 말이 바뀌느냐고 반문하면, 직접적인 답은 하지 않은 채 빙빙 돌리며, 상대방을 무마시키려고 한다. 그러면서 절대로 자기 잘못을 인정하지 않는다. 이때까지 세상을 그런 식으로 살아오면서, 처세를 잘한다고 생각하고 있었기 때문에 그런지 몰라도, 자신의 행동을 잘못이라고 인식하지 않는 듯하다. 마치 그런 식으로 살아가는 것에 대해 지적을 받아 보지 않은 것처럼, 사과해야 할 일도 좀처럼 사과하지 않아, 상황을 더 악화시킨다. 이리저리 눈치를 보고 맞추어만 오다 보니 정의감이 상실된 것 같다. 아니면 자기 애(愛)가 너무 강한 나머지 미안하다는 말을 할 수 없는지도 모른다. 그런데 이상한 것은 타인에 대해서는 매우 정확하게 잘잘못을 지적한다는 것이다. 타인의 옳고 그름은 분명하게 가려내면서 자신의 잘못에는 어찌 그리 관대한지 모르겠다.

아홉째의 유형은 자기는 항상 잘났다고 생각하고 아무 데서나 주도권을 잡으려는 사람들이다. ○○ 씨는 조직의 고위직급까지 진출한 사람이다. 이 사람은 어떤 모임에서건 자신이 주도권을 잡아야 한다는 의식에 사로잡혀 있는 듯하다. 항상 선도적으로 의견을 제시하며, 다른 사람의 발언을 기다리지 않는다. 다른 사람의 의견도 청취할 필요가 있음에도 불구하고, 다른 사람의 말문을 막고 중복하여 발언한다. 대부분 그의 의견은 동어반복적이어서 다른 사람을 지치게 만든다. 다른 사람들은 말은 않지만, 불편한 표정을 삭이느라 인내하고 있다. 이 사람은 의견이 수렴되어 가는 과정을 기다리거나, 일이 되어가는 것을 바라보고 인내할 줄 모른다. 항상 불쑥불쑥 의견을 제시하기 때문에 전체가 일을 추진하는 데 성가시거나 방해된다. 이런 사람은 종종 자신은 실천도 하지 않으면서 참가자들의 희생이 필요한 일을 제안하곤 하는데, 이상적인 당위성을 언급하지만, 현실적으로 이루어지기 힘들다는 것을 모두 알고 있다. 본인이 먼저 희생하며 동참을 요구하면 모르겠으나, 가능성이 없다는 것을 본인도 다 아는 상황에서 공허한 외침만 될 뿐이다. 그는 그렇게 함으로써 본인의 가치가 떨어진다는 것을 모르는 모양이다. 단지 모임의 주도권을 행사했다는 데에 의의를 두는 듯 만족한다. 소위 나서는 사람의 대표적 유형인데, 이런 사람들은 상위 직급으로 진출하기 위한 출세 욕구 또한 강하여, 맡은 바 직무를 묵묵히 수행하기보다는, 주위의 따가운 눈총을 무릅쓰고 눈살 찌푸리는 일들을 서슴지 않는다. 한국 사회에서는 이러한 인사들이 조직의 높은 자리로 진출하곤 하지만, 그 과정에서 덕망을 잃어

버리고 주위에 사람들이 없다.

열 번째 유형은 시도 때도 없이 자기의 정치관이나 종교관을 피력하는 사람이다. 한국적인 상황에서 정치나 종교는 사람의 성향을 좌우하는 큰 요소다. 출신 지역, 가치관, 생활양식 등이 이 두 요소와 밀접히 연관되어 있어 배타적 성격을 갖는다. 특히 한국에서 정치적 성향은 매우 민감한 문제여서 이 문제로 대립하다가는 양보 없는 언쟁으로 발전될 가능성이 크다. 양 진영의 정치적 이념 차이가 극한으로 치닫지 않는 국가와는 달리, 한국에서의 정치 성향의 차이는 극단적인 성격을 보인다. 중도나 타협은 거의 일어나지 않으며, 토의는 각자의 주장을 반복하는 과정일 뿐 타협은 결코 이루어지지 않고, 결국은 길거리 집단시위로 발전하는 것이 한국적 현실이다. 이런 것은, 극단적인 단계까지 도달하는 것이 최선이고, 자신의 선명성이 부각되어야 한다고 생각하는 우리의 민족성도 한몫한다고도 볼 수 있다. 여하튼 세계에서는 이미 죽어버린 공산주의 또는 사회주의 이념의 망령에서 벗어나지 못하고 이들 이론을 빌미로 많은 국민들을 선동하는 측과, 건국 이래 한국이 이룩한 발전 모델에 기반한 자유민주주의를 신봉하는 측의 이념대립이 갈수록 첨예해지는 한국 사회에서, 정치적 성향의 표출은 대단히 위험한 주제인 것이다. 작금의 한국 정치 상황을 볼 때, 정치권 뉴스 자체를 싫어하는 국민들도 많은 현실에서, 틈만 나면 정치적 의견을 피력하는 행위는 모두의 눈살을 찌푸리게 하는 행동이 아닐 수 없다.

종교의 경우도 마찬가지이다. 일부 종교인의 경우 기회만 되면 자기가 믿는 종교 이야기를 하는 사람이 있다. 다른 사람들이 어떻게 생각하는지는 고려하지 않고, 그쪽으로 대화를 몰아가려고 한다. 같은 종교일 경우에는 모르겠으나, 다른 종교이거나 종교가 없는 사람들에게 이는 대단한 실례이며, 매우 거북한 언행임에도 불구하고 주저하지 않는다. 정면에서 반박하기 곤란하기 때문에 참고 있다는 것도 모른 채, 대단한 불편감을 준다.

열한 번째의 경우는 돌출행동을 자랑삼아 하는 사람이다. 대개의 경우는 일반 사람처럼 행동하지만, 어떤 부분에 있어서는 보통 사람들이 지켜야 할 예의, 규범, 법규 등을 우습게 여기고, 그것을 지키지 않거나 어긋나게 행동하면서 그것을 자랑삼아 이야기하는 사람이다. 결코 나쁜 사람이거나 범죄의 의도가 있는 것은 아닌데, 자기만의 논리에 집착한 나머지 다른 사람이 어떻게 생각하는지, 자신의 행동이 어떤 결과를 초래할 것인지 등에 대한 생각 없이 행동한다. 이 사람은 돌발적으로 화를 내는데, 이 사람이 화가 나는 경우를 예측할 수 없어서, 조심하거나 대비할 수도 없다. 돌발 행동의 경우에도 일정 선에서 멈출 줄 모르기 때문에 사람을 질리게 한다. 다른 사람들은 전혀 잘못한 것도 없이 불평이나 화난 소리를 들어야 하기 때문에 황당하기 그지없다. 다른 사람이 차근차근 이유를 설명해도 받아들이지 않으니, 마치 그 부분에 대해서는 다른 회로에 연결된 양 전혀 예측 불가한 사람이다.

열두 번째의 경우는 돈 쓰고 열심히 하는데도 욕을 먹는 경우이다. ○○ 씨는 개인 사업가로 재산이 많다. 이 사람은 가진 것이 좀 있어서 단체 활동에서 흔쾌히 찬조를 많이 한다. 모두들 눈치 보고 있는 가운데 거금을 찬조하니, 다른 사람들도 약간씩 동조하며 모임이 잘 운영된다. 자주 찬조를 하니 그 면에서는 이 사람에게 고마운 마음을 갖고 있다. 그런데 이 사람은 단체 활동을 하는 데 있어서 자기주장이 강하여 다른 사람의 건의를 잘 들으려고 하지 않기 때문에 같이 일하는 사람들의 불만이 가득하다. 다른 사람의 의견을 받아들이거나 설득하여 불협화음 없이 부드럽게 운영하는 것이 제일 중요한데, 개인 의견을 강하게 밀어붙인다. 주변에서는 모두 그가 소통 부족이라고 하지만, 그는 이러한 사실을 인식하지도 못한다. 결국 그와 같이 일하는 사람들은 그와 멀어지고, 그는 혼자 외톨이로 자기 할 바를 하는 사람이 되고 말았다. 다른 사람들이야 그가 찬조를 많이 하니 그 결과를 즐기지만, 인간적인 끈끈함은 형성되지 못한다. 결국 그는 친구나 동조자가 될 만한 사람을 얻지 못한 채 돈만 쓰는 사람이 되고 말았다.

한국 사람들은 통상적으로 '그는 원래 성격이 그래', '성격은 바꿀 수 없어'라는 말들을 하곤 한다. 이런 말의 느낌에는 성격이 원래 그렇기 때문에 바꿀 수 없으니까 봐줘야 한다든가, 내 성격은 고칠 수 없으니까 상대방들이 참아줘야 한다는 것으로 인식되며, 그런 것을 참지 못하면 오히려 참지 못하는 사람의 관용성이 부족한 것으로 여기는 경우가 있다. 또는 '다른 것은 다 좋은데, 그 점이 문제야'라고 말하면서 마치 문제점을 용인하는 듯한 태도를 취하기도 한다.

한국 사람들은 이런 경우에 관대한 척하지만, 그러면서도 불편을 느끼고 그 불편한 점이 없어지기를 바란다는 것이다. 따라서 사람의 타고난 성격을 고치기는 힘들다고 해도, 그 성격이 상대방의 불편을 초래할 정도로 표출되는 것은 삼가야 한다. 시민의식이 성장하여 직장 내의 갑질이 폭로되면서, 기업 경영주나 직장 상사의 폭력적 성격이 드러나는 것을 종종 볼 수 있는데, 이런 것은 과거에는 표면화되지 않았다. 우리의 문화가 과거에는 이런 것을 참아주는 문화였기 때문이었지만, 현재는 그렇지 않기 때문에 발생하는 현상이다. 사람과의 관계에서도 성격이 원래 그렇다고 그 성격을 그대로 드러나는 것을 방치해서는 안 되며, 시정해야 한다. 자신의 성격이 원래 그렇다고 해서 상대방에게 그것을 표출하거나 상대방의 인내를 강요할 권리는 없다. 그것은 자신이 고쳐야 하는 것이다. 불편한 성격을 드러내는 당사자는 모르겠지만, 그것을 당하는 사람은 그 트라우마가 하나둘 쌓이게 되며, 적립되게 된다. 불편을 참아줘야 하는 관계가 소멸되거나, 효용가치가 없어지거나, 단점의 적립이 장점을 초과하게 되면 그 사람을 버리게 될 것이다.

한국에서 일반적으로 관용되고 있는 또 하나의 사례는 아내 또는 남편이 배우자나 자녀에 대해 쉽게 잔소리나 타박을 하는 경우이다. 여자는 말이 많으니까, 살다 보면 잔소리할 것이 많으니까, 나이가 들면 잔소리가 더 많아지니까 참아줘야 한다는 인식을 남녀 공히 하고 있고, 당연하게 생각한다는 점이다. 특히 여자의 잔소리는 당연하다는 인식을 남녀 공히 하고 있는 듯하며, 남자가 참고 넘어가야 한다고 일반적으로 이야기한다. 가해자나 피해자나 공히 이 점을 인정해 주고 있다는 점에서 매우 아이러니하다. 불필요한 잔소리나 타박, 상대방의 인격 침해, 책임 전가 등의 현상이 종종 일어나는데도 이의제기나 미안함 없이 반복해서 일어나고 있는 점이다. 그러면서 '원래 다 그렇지 뭐', '참아야지'라고 하며 살아간다.

그러나 이런 현상은 결국 원만한 가정생활의 걸림돌이 되고, 자기 발등을 찍는 결과로 이어진다. 반복해서 잔소리를 늘어놓으면, 상대방은 듣기 싫을 것이고, 가급적 접촉을 피하게 될 것이다. 자녀는 커서 부모를 보지 않으려 하고, 배우자는 할 수 있는 한 상대방과 멀리하려 할 것이다. 가정에서의 화목한 분위기는 상대방에 대한 언행에 최대한 신경을 쓰고, 예의를 갖추고, 서로 배려해 줄 때 찾아오는 것인데, 언행에 조심하지 않는 사람과 화기애애하게 지낼 수가 없다. 외부 사람에게는 예의를 다하면서도 가족에게는 무례를 일삼아도 붙박이처럼 버텨주겠거니 하고 생각하는 것은 잘못이다. 불쑥불쑥 싫은 소리를 일삼는 사람을 멀리하는 것은 가족이나 남이나 마찬가지다. 화기애애한 관계가 이루어지지 않으니, 동반 외식이나 모임, 외부 활동, 여행 등을 같이하려고 하지 않게 되고, 불가피한 경우가 아니면 가급적 피하며, 각자 따로 놀게 되니, 그런 것을 원하는 사람에게는 또 다른 불만이 될 수 있다.

사람들은 나와 다르기 때문에 어느 정도 다른 행동양식을 가지고 있고, 이 다름은 약간씩의 불편함을 초래한다. 따라서 산속에서 자연인으로 살지 않는 이상, 사회생활을 한다면 어느 정도의 다름을 감수하고 살아야 한다. 그 다름이 크지 않다면, 그리고 가벼운 농담으로 넘어갈 수 있다면, 그것은 참을 수 있는 정도의 불편함이 될 것이다. 사회생활을 하기 위해서는 이런 정도의 불편함은 감수해야 하며, 이 정도도 넘어가지 못한다면 그것은 본인의 문제다.

위의 예는 집단이나 상대방에게 모두가 인식할 수 있는 특히 나쁜 영향을 주는 경우를 언급한 것이며, 이 외에도 많은 사람들이 크고 작게 상대방에게 불편함을 초래한다. 위에서 언급한 예 이외에도 정말 피하고 싶은 불편을 초래하는 경우도 많이 있을 것이다. 사회생활을 하면서 이런 사람들을 만날 수밖에 없지만, 가급적이면 피하고 싶은 사람들이다. 모임 이후에 공감하는 친구와 함께 뒷담화의 대상이 되는 사람들이나, 지각 있는 사람들과의 대화에서 공통적으로 성토되는 사람은 불편함을 초래하는 원인이 되는 사람들이다. 이런 평가는 그 사람을 지칭할 때 공통적으로 떠올리는 이미지로 굳어지게 되며, 될 수 있으면 피하고 싶은 사람이 된다.

그런 사람들의 행태를 선악의 기준에서 볼 때 나쁘다고 규정할 수 없다. 그들의 언행이 다른 사람들에게 불편을 줄지언정, 나쁜 의도를 가지고 그런 행동을 한다고 볼 수 없고, 법적인 피해를 주지는 않기 때문에 선악의 기준에서 그들을 비난할 수는 없다. 어쩌면 그들은 그들 나름대로 선(善)의 편에 있었다고 항변할 수도 있다. 분위기를 잘 몰랐다거나, 그들의 언행이 어떤 결과를 초래할지 몰랐다고도 할 수 있다. 그렇지만, 그들의 행동은 주변에 피해를 주기 때문에 분명 시정되어야 할 행동이며, 분위기 좋은 아름다운 사회를 만드는 데 방해가 되는 요소이다. 그동안의 관행을 보았을 때, 그들이 타인에게 그 정도의 불편을 초래한다는 것을 안다 하더라도 그러한 행동을 멈출지는 의문이다. 그들은 습관적으로 그렇게 살아왔기 때문에 남들의 반응에 신경쓰지 않으며, 자기 하고 싶은 대로 하고 살 것이기 때문이다. 그들은 사회의 암적 존재까지는 아닐지라도, 걸려 넘어지지 않도록 조심해야 하는 돌부리 같은 존재이다.

그들이 끼치는 피해는 작지 않다. 그들은 접촉하는 많은 사람들에게 불편감을 양산하고, 상대방으로 하여금 참아야 하는 에너지를 쏟게 만들며, 더 좋은 분위기를 만들 수 있는 가능성을 제거하면서, 오히려 부정적인 상호관계를 유발한다. 즐거운 분위기에서 이야기하면 상호 간에 좋은 에너지가 나와서 행복감을 느낄 수 있으나, 부정적인 분위기에서는 나쁜 에너지로부터 벗어나기 위해 노력해야 하기 때문이다. 이뿐만 아니라, 참을성의 한계에 도달하여 같은 수준으로 대응하면, 감정적 대립으로 발전하게 되어 다툼으로 이어질 가능성도 있다. 우아하고 원만히 살려고 하는 평온한 마음이 깨어지고, 불편과 갈등을 염려해야 하는 사회가 되는 것이다. 이런 사회는 미덕이 발현되는 아름답고 성숙한 사회와는 거리가 멀다. 고품격 사회에 살며, 만들어가고 싶어도, 그러한 자들이 있는 한, 그 수준에 도달하기는 어렵다.

위의 예에서, 관련된 사람들의 사회적 위치에 대해서 언급했는데, 이들의 사회적 위치는 대체로 중상류층의 인사들이다. 사회적 지위도 그렇고, 경제적 형편도 중상류 이상의 삶을 살기에 부족함이 없는 사람들이다. 이들은 자기들의 위치에 대해서 어느 정도 자부심을 갖고 있고, 그만하면 성공적인 인생이라고 만족할 만한 사람들이고, 생활에 여유도 있다. 대체로 이들은 조직에서 최상층은 아니더라도 어느 정도 상류층의 사람들이며, 따라서 그들의 언행이 영향을 미칠 수 있는 사람들이 많다. 학력 또한 만만치 않다. 이들은 보통 사람들보다 훨씬 더 많은 교육을 받았는데, 대학은 물론이고 석사, 박사학위를 소유하고 있으며, 외국에서 생활하거나 교육받는 경험도 있는 사람들이다. 이들은 소위 일류대학을 나온 사람들이 많으며, 어릴 때부터 공부에 관해 다른 사람들보다 자부심을 쌓아온 사람들이다. 이들은 습관적으로 머리를 숙였던 사람이 아니라, 자존심 또는 자만심으로 충만했던 사람들이다. 그러나, 이들 중에는 겸손을 가장할 수는 있어도, 겸손이 몸에 밴 사람은 그리 많지 않으며, 진정한 겸손을 모르는 경우가 많고, 기회가 되면 하늘을 찌를 듯한 자존심이 언제든지 드러날 준비가 되어 있는 사람들이다. 이러한 위치에 있는 사람들 중에서 타인에게 불편을 주는 사람들이 많다는 것은 교육, 사회적 지위, 경제적 능력 등이 개인의 인격 형성이나 사회생활에서의 덕망과는 무관하다는 것을 의미한다. 이들보다 낮은 위치에 있는 사람들도 종종 미덕(美德)을 발휘하는 것을 보면 아름다운 세상의 건설에는 외부적인 여건이 중요한 것이 아니라, 개개인의 자세가 더 중요하다는 것을 의미한다.

칭찬받는 사람들

훌륭한 성품을 지닌 사람들이 우리 주위에 없는 것은 아니지만, 그 수가 적기 때문에 고품격의 사회로 발전하지 못한다. 반대로 사회질서를 어지럽히고, 그 정도는 아니지만 우아한 사회의 건설에 방해되는 사람들이 많기 때문에, 사회적 비용이 많이 지출됨에도 불구하고 사회는 개선되지 못하고 있다. 우리가 흔히 위정자들의 행태를 비판하듯이, 일반적으로 괜찮은 사람이라고 여겨지는 사람들로부터 공통된 비판을 듣게 된다면, 그것은 그 사람의 치명적 결점이고 시정해야 하는 점이다.

훌륭한 성품을 가진 사람을 만나면 그 사람됨에 감탄하고, 자신도 모르게 존경스러운 마음이 일어난다. 함께하면 흐뭇하고, 배울 점이 있되, 그 사람으로 인해 마음 상할 일은 전혀 없다. 사람과의 만남을 통해 감정을 다치는 일은 결코 일어나지 않을 것이며, 내가 무슨 말을 하든 전혀 부담이 되지 않는다. 좋은 감정과 분위기만 있을 뿐, 부담스러운 일은 일어나지 않는다. 우리는 이런 사람을 그저 좋은 사람으로 인식하는 데 그치고 말지만, 사실 이런 사람은 일종의 도(道)를 터득한 사람이라 할 수 있다. 이런 사람은 다른 사람과 다르며, 기피의 대상이 아니라 만남을 그리워하는 대상이 될 수 있는 사람이다. 이런 사람은 타고난 성품에 의해 그런 특성을 지니게 되었을 수도 있고, 후천적으로 습득하였을 수도 있다. 이렇게 우리 주변에서 볼 수 있는 사람들 중에서 매우 드물지만 본받을 점이 많은 사람들이 있고, 주변에 이런 사람들이 있다는 것은 매우 다행스러운 일이다. 사람으로 인한 스트레스가 없을 것이며, 오히려 만남을 통해 행복감을 느낄 수 있다. 사람을 가려서 사귀고, 도움이 되지 않는 친구 관계를 정리하라는 의미는 바로 이런 사람들 위주로 사귀라는 의미다. 그래야 즐거운 인생이 될 수 있다.

우리의 일상생활에서 만날 수 있는 이런 유형의 사람들은 아래와 같은 특징을 보인다.

첫째, 모임에 나갈 때, 다른 사람들을 위해 간단한 무엇이라도 사들고 들어오는 사람은 항상 분위기를 활성화시키는 역할을 한다. 간단한 음료라도 그것을 받는 사람은 색다른 좋은 기분을 느끼게 된다. 비록 얼마 안 되는 돈이지만, 다른 사람은 그런 행동을 하지 않는데, 유독 그 사람만 그런 생각을 하는 것이다. 베풂이 작다고 가볍게 생각할 일이 아니다. 작지만 돈을 써야 한다는 사실과 그것을 준비하기 위해서 가게를 들러야 하는 수고 등이 별것 아닌 것 같지만, 다른 사람은 그런 행동을 하려는 생각조차 하지 못한다는 점을 고려할 때, 대단한 일인 것이다. 타인을 위해 자기의 금전과 수고를 제공하려고 결심하는 것 자체가 쉽지 않은 일이다. 그런 것을 감수할 수 있다는 것과 그렇지 못하다는 것은 인격적으로 차이가 난다. 얼마 안 되는 작은 돈이라고 가볍게 생각할 수 있지만, 그 가벼운 것도 다른 사람을 위해 제공하려고 하지 않는 것이 현실이다.

둘째, 어떤 조직이나 모임이건 다른 사람이 하고 싶지 않은 일을 맡아서 하는 사람은 내공이 깊은 사람이다. 별다른 이득도 없이 다른 사람이 꺼려 하는 공통된 일을 나서서 한다는 것은 그만큼 희생을 감수하는 것이다. 이런 사람은 희생하려는 자세가 되어 있기 때문에 그것뿐 아니라 다른 일에서도 희생적인 태도가 나오기 쉽다. 그런 사람이 옆에 있다는 것은 대단히 고마운 일이며, 친구로 삼아야 한다. 남을 칭찬하고, 자기도 할 수 있을 것같이 말하지만, 칭찬의 말만 앞세우는 사람들은 절대 그런 일을 하지 못한다. 돌아가면서 억지로 맡기면 할 수 없겠지만, 그것은 부과된 일을 하는 것일 뿐이며, 자기 순서를 넘기는 의미일 뿐, 희생이라 할 수 없다. 남이 하려고 하지 않은 일을 자진해서 맡아 하며, 남다른 고민과 노력을 각오해야 할 수 있는 일이고, 희생하려고 하는 용기가 있어야만 가능한 일이다. 조직의 일원으로 참가만 할 경우에는 희생하는 사람이 얼마나 희생하는지 알 수 없으며, 알려고도 하지 않는다. 희생하지 않는 사람은, 자신은 열매만 따 먹으면 된다는 생각으로 참가할 수도 있다. 이런 사람은 다른 사람이 어떤 종류의 일을 하는지 알려고도 하지 않을 것이다. 그러다가 어떤 불편한 문제가 생길 경우, 그것에 대한 비판은 이런 사람들이 먼저 나서서 할 것이다. 직접 일을 담당하는 사람과 옆에서 바라보는 사람 사이에는 커다란 간격이 있으며, 일을 바라보는 시각 자체가 다르다.

셋째, 어떤 사람은 일이 돌아가는 것을 폭넓게 생각하고, 앞으로의 일까지 생각할 수 있어서 꼭 필요한 일이 아닐 경우에는 자기주장을 하지 않으며 대충 맞추어 살지만, 중요할 때 결정적 발언을 하는 경우를 볼 수 있다. 내공이 깊지 않은 사람들의 사소한 의견에는 굳이 자기주장을 하지 않고 양보하면서 그들의 주장을 따라준다. 불필요한 논쟁보다는 양보의 길을 선택하며, 그로 인해 생길 수 있는 불협화음을 조기에 차단한다. 자신을 낮추고 드러나지 않게 행동하기 때문에 사람 볼 줄 모르는 사람에게는 헐렁하거나 또는 업신여겨도 될 사람처럼 보인다. 다른 사람들이 그를 쉽게 취급하더라도 그는 쉽게 취급당해 준다. 자신의 의견을 잘 드러내지 않기 때문에 사람들에게는 그저 그런 사람 정도로 인식되고 있지만, 나름대로 정확하게 생각하기 때문에 깜짝깜짝 놀라는 경우가 있다.

넷째, 항상 정성을 다해서 남을 대접하려고 하는 사람이 있다. 옛날 같으면, 지나가는 거지도 문전박대를 하지 않고 항상 무언가를 줘서 보내는 성격의 사람이다. 이들은 사람과의 관계에 있어서 항상 최선을 다하면서도, 무언가 부족한 것이 더 없는가 살핀다. 마치 명절날, 시골집에 다니러 온 자식들에게 하나라도 더 싸주려고 하는 부모님 마음과 같은 사람이다. 자기 자신은 금전적인 것을 비롯하여 숨은 노력을 하지만 당연히 해야 할 것으로 여기고 산다. 그렇게 하는 것이 사람 사는 도리라 여기며 산다. 타인과의 관계에서 항상 넉넉히 베푸는 사람이며, 평소에 그렇게 살기 때문에 일반 사람들이 행하는 것과 같이 박절하게 할 줄 모른다. 베푸는 것이 몸에 배인 사람으로, 요즘 세태에 이런 사람을 만나기란 여간 어려운 것이 아니다.

다섯째, 전후 관계의 판단력이 뛰어난 사람은 대화할 때에 즐거움이 있다. 판단력이라는 것이 어느 정도 지식의 수준이 있어야 하지만, 지식만 있다고 판단력이 정확해지는 것은 아니다. 사람의 판단력은 그들이 습득한 정보에 기초한 것이기 때문에 올바른 정보의 접촉은 매우 중요하지만, 건전한 판단력을 위해서는 끝까지 사고하는 것이 중요하다. 판단력이 없는 사람들을 보면 간단한 정보를 듣고 그것으로 판단을 하는 경향이 많다. 올바른 판단을 하기 위해서는 여러 가지 정보를 종합하고, 정보를 통해 자신이 사고하는 과정을 거쳐야 하건만, 대부분의 사람들은 단순한 정보 습득 수준에서 멈추어 버림과 동시에 판단도 끝내버린다. 그 정보의 개연성, 다른 사실과의 연관성, 반대되는 의견이나 정보, 그 정보로 인한 과정과 결과 등을 생각하지 않는다. 이렇게 되면, 사건의 본질을 제대로 인식하지 못한 채, 주로 자기가 듣고 싶은 내용만 듣고, 하고 싶은 판단만 하게 된다. 판단력이 부족한 사람일수록 짧은 지식의 내용을 근거로 우기는 경향이 있는데, 이들은 논리가 부족하며, 토론에 약하다. 단편적인 지식만 나열할 뿐, 그것들이 연결되고, 발전되는 부분에 대한 고려가 매우 약하다.

여섯째, 언행이 일치하며, 맡은 바 책임을 다하는 사람은 어딜 가나 신뢰를 받는다. 사람들이 섞여 사는 사회에는 사람 때문에 문제가 발생하는데, 그중에서도 언행이 일치하지 않고, 성실하지 못하며, 책임을 다하지 않는 사람이 가장 골칫거리다. 따라서 언행이 일치하며, 주어진 일을 완수하는 사람이 환영받는 것은 당연하다. 그 사람에 대해서는 별도의 신경을 쓸 필요가 없기 때문에 믿을 수 있으며, 말을 신뢰할 수 있다. 이런 사람이 주위에 있다는 것은, 그 부분에 대해서는 그 사람에게 맡겨놓으면 된다는 것을 의미하기 때문에, 마치 자기가 일하는 것과 같은 효과를 기대할 수 있다. 그뿐만 아니라 그 분야에서 자기가 예상하지 못한 일이 발생하더라도 잘 처리해 줄 것 같은 기대가 있다. 그와 같은 능력을 가진 사람은 예상치 못한 일이 발생하더라도 잘 처리할 것이기 때문이다. 그 결과, 그런 사람이 있을 경우에는 불필요한 걱정이나 신경을 쓸 필요 없이 한 분야를 맡겨 놓을 수 있으며, 자기는 다른 분야에 더 신경을 쓸 수 있다. 신뢰를 바탕으로 다른 분야에 전념할 수 있는 것이다.

일곱째, 자신의 위치에 따라 적절한 처신을 할 줄 아는 사람은 존경을 받는다. 사람이 사회생활을 하다 보면, 최초 위치에서 승진하거나 나이가 들어감에 따라 지위가 달라진다. 또한 같은 사람이라 할지라도, 그가 처한 상황에 따라 여러 가지로 지위가 달라진다. 예를 들어 직장에서는 어떤 사람의 부하직원이나 상관이 될 수 있지만, 이 사람도 집에서는 가장이고, 가족의 일원이 된다. 또한 어떤 동호회에서는 그냥 평회원일 수도 있다. 이와 같이 사람은 어떤 시점에서 한 가지 지위만을 가질 수 없고, 또 시간이 지남에 따라 지위가 변하기도 한다. 각 지위에는 그 지위에 적절한 역할과 처신이 요구되는데, 어떤 때에는 적극적으로 나서야 될 때도 있지만, 어떤 때에는 그냥 묵묵히 따라 주는 것이 최선일 때도 있다. 중요한 결정을 내려야 할 때도 있고,

어려운 시기에 묵묵히 버텨야 할 때도 있다. 이와 같이 상황의 변화에 따라 다르게 처신해야 할 뿐만 아니라, 주위 사람들도 다른 역할을 기대한다. 따라서 사람은 자신이 처한 위치에 어떤 유형이 적절한 형태인지를 파악하여 유연하게 처신해야 한다. 상급자의 위치에 있는 사람이 하급자 시절의 태도를 유지한다거나, 평회원으로 묵묵히 있어야 할 때에 시도 때도 없이 나서서 모임을 주도하려고 할 경우에는 다른 사람의 불편을 초래한다. 적절한 시기에 상황에 맞는 태도를 취하고, 그 위치에 맞는 아량을 보이고 결정을 내려준다면 함께하는 모든 사람이 즐겁고 편안하다.

여덟째, 상급자이면서도 상급자 티를 내지 않고, 친밀하게 대하고 상대방을 위해 도움이 되려고 하는 사람은 존경을 받는다. 유교적 전통이 있는 한국 사회에서 일반적으로 상급자는 친절하기보다는 권위가 있고, 위엄이 있으며, 명령하는 듯한 자세로 인식되고 있다. 게다가 성격이 이상하면, 상급자라는 이유로 그 성질까지 하급자가 참아내어야 하기 때문에 직장생활은 매우 힘들어진다. 그러나 반대로 상급자이면서도 부하직원에게 친절하고, 배려해 주면서 가르쳐준다는 자세로 임한다면 그 조직은 매우 편안하고, 재미있는 직장이 될 것이다. 하급자들은 직무 지식이나 경험 면에서 부족하다. 이들은 나름대로는 열심히 하려고 하지만, 상사의 마음에 들지 않을 경우가 많다. 상급자의 입장에서 보면 부하직원의 일 처리가 마음에 들지 않을 경우가 많고, 때로는 화가 나고, 비난을 퍼부을 수도 있다. 그러나 다시 생각해 보면, 그런 부하직원들을 데리고 임무를 수행하라고 상급자의 위치에 올려놓은 것이다. 부하직원들이 자신보다 부족한 것은 당연하며, 이들을 가르쳐가면서 임무를 수행하라고 상급자의 직위에 올려놓은 것이다. 이런 점을 이해한다면, 상급자는 부하직원들을 가르쳐가면서 따라올 수 있도록 해야 한다. 화내고, 윽박지른다고 일이 잘되지는 않는다. 화낸다고 모르는 것이 알아지지 않으며, 차근차근 가르쳐야 한다. 가르치면서 일을 처리하면, 부하직원들은 상사를 좋아하며 열심히 하려고 할 것이다. 그 과정에서 상사는 부하직원의 특성을 파악할 수 있게 되며, 개개인의 소질을 발견하고, 그에 따라 임무를 수행할 수 있게 된다.

위에 예를 든 특성들은 상대방에게 잔잔한 미소를 띠게 하는 특성들인데, 이런 특성들은 타고난 부분도 있고, 어렸을 때 교육되어져 배양된 부분도 있고, 후천적인 노력에 의해 배양된 부분도 있을 것이다. 그런데 특이한 것은, 위의 좋은 특성을 모두 가지고 있는 사람은 매우 드물며, 어떤 한 가지 특성을 가진 사람이 있다 하더라도 그 사람이 다른 특성들을 모두 발휘하지 못하는 경우가 대부분이라는 것이다. 사람들은 한 가지 특성을 가지고 있거나, 두세 가지 특성만을 가지고 있는 경우가 대부분이다. 즉 어떤 면에서는 상대방에게 호감을 주나, 다른 부분에 있어서는 비호감 또는 불편을 초래하는 부분이 있는 경우가 있다. 어떤 부분에서는 호감을 주더라도 결정적인 어떤 부분이 미흡하여 결과적으로 상대방과의 관계에 결격 사유가 되는 경우도 있다. 결정적으로 중요한 부분을 결여하고 있으면, 그것이 지배적인 요소가 되어 그것 때문에 나쁜 평가를 받을 수 있는 것이다. 예를 들어 직책의 변화에 따라 변화된 인격을 발휘해야 함에도 불구하고 과거 낮은 직급의 자세를 고수한다면, 그 밑의 직원들은 그야말로 피곤함을 면할 수 없다. 군단장이 행정보급관 수준의 지적을 하고 다닌다면 적절한 처사라고 할 수 없는 경우와 같은 것이다. 그러면 그가 아무리 선하고 배려심이 많은 사람이라 하더라도 상급자로서 존경심을 상실하고 불만의 대상이 될 뿐이다.

이 때문에 사람은 덕(德)이라고 생각되는 요소에 대해 끊임없이 생각하고, 자기 자신을 개발하려는 노력을 해야 한다. 매 상황, 매 순간마다 내가 처한 위치와 취해야 할 행동에 대해 관찰하고 있어야 하며, 깨어 있어야 한다. 기독교에서 '항상 깨어 있으라'라고 하지만, 현실에서도 항상 깨어 있어야 한다. 새로운 환경에 대한 파악이 부족하고, 기존 사고방식을 그대로 고수한다면, 이 사람은 깨어 있지 못한 사람이 되는 것이다. 그 사람은 새로운 환경에 대해 생각하려는 노력을 하지 않고, 어느 시점에 형성된 몇 가지 타입의 사고방식을 그대로 적용하고 있는 오류를 범하고 있는 것이다.

유사한 이유로 사회적으로 지도자급에 해당하는 사람들도 마찬가지다. 이들의 활동과 언행이 여기저기에서 매체를 통해 보도되는데, 매체를 통해 보더라도 이들의 미흡함이 보이고, 스스로 매우 부적절한 표현을 하는 경우도 있다. 말은 우리의 인격을 그대로 드러내는 도구이기 때문에 말조심을 해야 한다. 그럼에도 불구하고, 타당치 않는 말을 부끄럼 없이 내뱉는 사람들을 볼 때 매우 안타깝다.

공자도 제자 중에서도 어떤 제자는 한 달에 한두 번 인(仁)에 적합한 행동을 하는 사람이 있는가 하면, 어떤 제자는 한 달에 한두 번 인(仁)을 어길 정도인 제자가 있다고 평가하였다고 하니, 같은 가르침을 받아도 사람의 개성에 따라 나타나는 성향이 각각 다른 것은 분명하다. 한두 가지 좋은 성품이 있다 하여도, 다른 부분에서 상대방에게 불편을 초래한다면, 결국 그 사람은 상대방으로부터 배척당하게 될 것이다. 그것은 결국 사람과의 관계에서 조심하거나 신경 써야 할 부분을 놓치거나 고치지 않고, 자신의 타고난 성격대로 행동하여 상대방을 불편하게 하기 때문에 생기는 일이다. 그러면 결국 좋은 성품도 묻히게 되고, 불편한 이미지만 남게 된다. 결국, 한두 가지 좋은 성품을 가졌더라도 자신의 모든 행동을 돌이켜 보고 반성하여, 모든 부분에서 좋은 성품이 나타나도록 노력해야 하는 것이다. 이렇게 볼 때, 성자(聖子)의 수준에 도달할 수 있는 사람은 지극히 적으며, 어쩌면 인간으로서는 불가능할지도 모른다. 그 많은 다양한 상황에서 항상 적절한 처신을 할 수 있을 것인가에 대한 의문도 든다. 음악이나 미술에 타고난 천재가 있듯이 그 방면에 타고난 천재라면 모를까, 모든 상황에 적절한 자세를 취하기는 어려울 수도 있다.

우리 인간은 항상 부족하다. 완전하다고 남 앞에 나서는 순간 자신의 부족함이 드러나게 마련이다. 인간에게 완성(完成)이란 없으며, 완전함에 도달할 때까지 노력하는 수밖에 없다. 따라서 정성을 다해야 한다. 타고난 것이 부족하다고 해서 그 부족한 상태로 살면서 다른 사람들을 불편하게 하고, 사회를 짜증 나게 하며, 화나는 것을 꾹꾹 눌러 참게 해서는 안 된다. 사회에 명랑한 기여는 하지 못할망정 불편을 초래하는 인자가 되어서는 안 될 것이다. 그런 사람도 다른 사람에 의해 짜증이 날 경우가 있을 것이니, 서로 노력해서 그런 요소를 줄이도록 노력해야 한다. 완전에 도달하기 어렵다 해도, 꾸준히 교육하고 실천하여, 조금씩 인간과 사회가 개선되고, 서로 눈살 찌푸리는 일이 보다 적은 사회 만들기를 희망하며 노력해야 한다. 매사에 좋은 성품이 그냥 천성적으로 얻어질 수 없는 것이나, 불가능한 것도 없으니, 정성을 다해 노력한다면, 그나마 부족한 것을 줄일 수 있고, 다른 사람에게 행복을 주는 경우를 더 늘일 수 있지 않을까 한다. 이런 면에서 인간은 깨달음을 얻으려고 노력해야 하며, 인간의 도(道)가 무엇인지 항상 탐구해야 한다.

깨닫고 훈련해야

사람은 누구나 모두에게 좋은 평가를 받고 싶어 하며, 좋은 사람을 만나고 싶어 한다. 하나같이 자신도 칭찬받는 사람으로 변화되고 싶다는 말을 할 것이다. 그러나 이 질문을 자신에게 던졌을 때, 즉 당신은 누구에게나 좋은 평가를 받는 사람인가라는 질문을 했을 때, 흔쾌히 답할 수 있는 사람은 없을 것이다. 되고 싶은 목표로 설정할 수는 있겠지만, 현재 자신이 어떤 사람인가를 모르는 경우가 대부분일 것이다. 자신이 괜찮은 사람이라고 생각하고 살 수도 있다. 경험한 바에 의하면 대략 20% 정도의 사람들은 불편함이 없는 사람이고, 나머지 80% 정도는 같이 있으면 신경이 쓰이는 사람들이다. 만나는 사람의 80% 정도는 사회생활의 속성상 참고 넘기거나, 접촉시간을 최대한 짧게 하고 싶은 사람들이다. 그 80% 정도의 사람들은 자기 자신이 불편을 초래하고 있다는 사실조차 인식하지 못하고 살고 있을 것이다.

이런 사람의 비율은 국가마다 다를 것이다. 배려 성향이 높고, 문화적으로 성숙된 국가의 국민들은 일상생활에서 받는 스트레스가 적을 것이나, 좀도둑이나 폭행이 일상인 국가의 국민들은 심한 불편지수를 날마다 겪으면서 살아갈 것이다. 한국과 비교했을 때, 어떤 국가는 한국보다 사회적 매너가 좋은 국가가 있을 수 있고, 그보다 훨씬 야만적인 국가도 있을 수 있다. 한국 사람들도 해외여행을 많이 다녔으니, 여행지의 비교를 통해 국가별 평가를 할 수 있을 것이다. 한국은 어떤 수준인지에 대한 평가도 각자 다를 것이다.

국가의 수준은 서서히 변한다. 이런 변화에는 경제적 요인이나 문화적 요인 등 다양한 요인이 작용할 것이며, 바람직한 방향으로 변하기도 하지만, 저질인 방향으로 변하기도 한다. 한국은 선진국을 모델로 하는 후발 주자이기 때문에 과거의 비참하고 구차한 모습에서 선진국의 문화를 습득하는 방향으로 변화하고 있으나, 개인의 자유와 인권을 표방한 비정상적인 문화도 습득되고 있다. 급기야 집단 자살, 묻지마 살인, 마약 등 병리적인 현상까지 모방되어 일어나고 있다. 19세기 유럽에서는 우아하고 고급스러운 모습이 유행이었다면, 21세기에는 퇴폐적이고 혐오적인 모습이 활개를 치는 세상이 되었다.

그러나, 세상이 그렇게 변한다 하더라도 개개인의 인격 완성도의 방향은 항상 일정하다. 즉 성스러운 방향으로의 발전은 시대를 막론하고 바람직한 방향이며, 모든 사람이 나아가야 할 방향이다. 어떻게 우리는 성인(聖人)의 근처에 갈 수 있을까?

모두에게 환영받는 사람이 되기 위해서는 일종의 깨달음이 필요하다. 나 자신의 수준을 알고, 보다 개선된 나를 만들기 위해서 수양을 통해 각성이 이루어져야 한다. 한국 사람들은 보다 나은 나를 만들기 위한 마음은 많이 있는 듯하다. 미국 대통령도 언급할 만큼 한국의 교육열은 높고, 좁은 문을 통과하기 위해 청소년들은 밤잠을 설쳐가며 책상에 매달리고 있다. 또한 불교도와 기독교도가 많고, 성인이 되어서도 많은 단체에 소속되어 나름대로 교양을 쌓기 위해 노력하는 것을 보면, 내면의 발전을 위해 노력하는 측면에서 한국인들은 세계 다른 국민들에게 뒤지지 않는 듯하다.

그런데 이렇게 높은 교육열과 종교적 열성에도 불구하고, 한국인의 인간적 성숙도는 완성도가 떨어지고, 사람을 만났을 때의 불편한 정도가 높다. 과거와 달리 선진문화에 대한 접촉이 낮은 것도 아니고, 일부 분야에서는 세계적으로 선도적 위치에 있는 만큼 선진 문물의 습득이 부족한 것도 아니다. 즉 개인의 성향에 영향을 미치는 외적 조건은 모두 갖추어졌다고 볼 수 있는데도 한국인의 인간적 성숙도가 떨어진다는 것은, 앞으로 한국의 소득수준이 더 높아지고 발전이 이루어진다 하더라도 개개인의 성향이 현재 수준에서 더 나아질 가능성이 크지 않다는 것을 의미한다. 앞의 예에서, 욕을 먹는 많은 사람들이 대학 이상의 교육을 받았고, 외국 문물을 접한 사람들도 있다는 것을 볼 때, 이들을 한국 최고 수준의 집단이라 볼 수 있는데, 그런 사람들의 수준이 이 정도라면, 한국 사회에서 보다 더 성숙한 사람들이 많아질 가능성에 대한 기대는 낮다고 여겨진다. 경제적 발전과 풍요는 있을지 모르지만, 아름다운 사회의 건설을 예견하기는 어려울 수 있다. 마치 조선시대의 당파 싸움과 같은 현상이 오늘날 정치권에서도 여전한 것을 보는 것과 같은 느낌이다. 모든 국민이 '정치만 잘한다면…….'이라고 입을 모아 말하는 것을 보면, 미래에도 한국의 정치가 잘될 가능성이 희박하다는 것과 동일하다.

따라서, 우리는 물질적으로 풍요해진다 하더라도 성숙한 시민사회가 자연적으로 이루지는 것은 아니라는 사실을 깨달아야 하며, 그 수준에 도달하기 위해서는 관행적 사고에서 탈피하여 새로운 깨달음이 있어야 한다는 자각을 하여야 한다. 우리 국민들은 이러한 점을 자각하고, 더 공부할 필요가 있다는 사실을 인식하여야 한다. 물질적으로 더 성장하더라도 새로운 공부를 통한 깨달음이 없으면 발전이 없다. 자신과 주변을 위해서 보다 더 성숙한 사람으로의 재탄생이 필요한 것이다. 과거에 교수나 박사는 세상의 많은 진리를 알고 있는 사람처럼 여겨졌던 시절이 있었다. '교수도~ 한다더라'라고 하면서 자기가 하는 말의 권위를 부여하던 사람도 있었다. 그러나 교수나 박사도 자기 분야에서나 교수이고 박사지 다른 분야에 대해서는 초보자나 다름없다. 특히 인문학적인 소양이 없는 분야의 교수는 매우 초보적인 사고를 하면서도, 자기가 교수이기 때문에 스스로 부여하는 권위에 사로잡혀 있는 사람들이 많다. 자기 자신의 내공이 부족하다는 것도 모른 채, 서슴지 않고 자기 의견을 말하니 스스로 부족함을 드러낼 수밖에 없다. 그들은 자기의 전공 공부와 더불어 인간적인 성숙을 위한 공부를 했어야 하나, 그런 방면의 공부가 어느 시점에서부터인가 정지해 있었던 것이다.

자기발전에 대해 관심이 있는 사람은 다양한 경로를 통해 이른바 좋은 말씀들을 찾아다닐 수 있다. 이름 있는 연사의 강연에 참여한다든지, 마음의 양식이 되는 글들을 찾아 독서할 수도 있다. 사람이란 대부분의 경우 외부의 입력 없이 혼자 깨닫기는 힘들기 때문에 자신보다 낫다고 생각되는 사람의 말이나 글들을 찾아 순례의 길을 떠나는 것이 필요할 수도 있다. 선각자의 경험담은 안개 속을 헤매는 조각배에게 등대와 같은 역할을 해 주기도 한다.

그러나 망망대해를 헤매는 조각배는 어디로 가야 할지 방향을 모르는 경우가 대부분이다. 진리를 찾는 사람은 진리를 쫓긴 하지만, 어떤 진리를 쫓는지 본인도 모르는 경우가 허다하다. 방향성만 확실하다면 다행이겠으나, 오리무중일 경우에는 어쩔 수 없다. 그저 닥치는 대로 자신이 처해 있는 분야에서부터 습득해 나가는 방법밖에 없다. 세월이 흘러 다양한 조언을 습득하고 깊은 생각을 하다 보면 자신이 추구하는 진리의 길이 보일 때도 있고, 그렇지 않을 수도 있다. 일찍 길이 보이면 다행이겠으나, 그렇지 않으면 계속 헤맬 수밖에 없다. 원래 깨달음은 그런 것이다. 올 수도 있고, 영영 안 올 수도 있다.

외부로부터 좋은 말들을 습득한다고 해서 깨달아지는 것은 아니다. 좋은 말이나 글을 접하는 것 못지않게 중요한 것이 자기 자신의 노력이다. 좋은 정보를 습득하는 것만으로 좋은 사람이 될 수 있다면, 이 세상의 모든 사람들이 이미 좋은 사람이 되어 있을 것이며, 욕먹는 사람이 없는 아름다운 사회가 되어 있을 것이다. 좋은 정보들은 많은데 왜 그런 사회가 되지 않을까? 그것은 좋은 정보를 습득한 사람들이 실천하기 위한 노력을 하지 않아서 발생한 결과다. 정보의 홍수 속에서 사람들은 좋은 정보를 습득만 할 뿐, 머리로 이해하고 그쳐버리기 때문에 생기는 현상이다. 아는 것이 힘이 아니라, 제대로 아는 것이 중요하며, 실천하는 것이 더 중요하다. 좋은 지식과 접촉했다고 해서 깨달아지는 것은 아니다. 깨닫는 것은 자기 자신의 변화를 수반하는 것이며, 생각의 변혁을 일으키는 과정이다. 좋은 지식을 습득했으나 과거의 사고방식을 그대로 유지하고 있다면 그것은 깨달음에 도달한 것이 아니다. 중요한 것은 다양한 경로를 통한 좋은 말씀의 접수가 아니라, 그 말을 내 것으로 만들고 나를 변화시켜 나가야 하며, 과거의 나와 결별하고 새로운 나로 재탄생하는 것을 의미한다. 그래서 주위 사람들로부터 사람 변했다는 이야기를 들을 정도로 명백한 변화가 있어야 한다. 오늘날 좋은 말을 접촉할 기회는 무제한이라 할 수 있기 때문에 깨달음에 도달하는 과정은 전적으로 자신에게 달려있다. 요즈음은 외부 지식이 부족한 것이 아니라 자신에 대한 내면적 성찰이 부족한 시대다. 외부로부터의 지식은 많으나, 자신에 대해서는 잘 모른다. 현대 사람들은 이 사실을 망각하고 있다. 뜻이 있다는 사람들도 외부로부터의 자극만을 탐구하지, 그 정보를 기초로 자기와의 싸움을 해야 한다는 것을 아예 모르거나 시도도 하지 않는 것 같다.

깨달음 후에는 행동으로 옮겨야 한다. 알게 된 것까지도 많은 노력이 필요한 일이겠으나, 아름다운 사회를 위해서는 실천으로 귀결되어야 하며, 타인에게 감동을 주고, 상호 간에 흐뭇함을 주고받을 수 있어야 한다. 안다는 것과 깨닫는 것, 그리고 타인에게 실천한다는 것은 전혀 다른 세계에 발을 들여놓는 것같이 매우 어려운 일이다. 안다는 것이 실천으로 자연스럽게 연결되지는 않으며, 또 다른 과정을 훈련해야 한다. 깨달음 이후에 실천하기까지에는 매우 험난한 과정이 있다는 것을 깨닫지 못하고 실천하지 못하기 때문에 사회의 아름다움이 사라지고 있는 것이다.

어떤 운동 모임에서 약 3년 동안 동반자 전체가 먹을 수 있는 간단한 요깃거리를 준비해 간 사람이 있다. 3년 동안 꾸준히 준비한 이유는 다른 사람에게도 그와 같은 행동을 유도하기 위해서였으나, 3년 정도 시행하다가 중지하고 말았다. 중지한 이유는 동반자들이 받아먹을 때에는 고맙다고 말하며, 칭찬도 하고, 다음 기회에는 자기가 준비하겠다고 말하는 사람도 있었으나, 다른 동반자가 준비한 경우는 한 번도 없었기 때문이며, 앞으로도 그럴 가능성이 보이지 않았기 때문이다. 무한정 같은 행동을 반복한다고 해서 아름다운 마음을 끌어낼 수 있을 것 같지 않아서 중지했다고 한다. 돈이 많이 드는 것도 아니고, 약간의 성의만 있으면 되는 것이었으나, 그들은 그것이 어려웠던 것이다. 대단하지도 않은 것을 얻어먹는 것이 아무것도 아니라고 생각하는 사람도 있었을 것이고, 굳이 보답을 해야 할 필요가 없다고 생각할 수도 있었을 것이다. 그래도 한 3년 얻어먹었으면 한 번쯤 보답을 할 수도 있었을 텐데 아무도 그러지 않았다.

행동을 한다는 것은 생각보다 그리 쉽지 않다. 고마움을 느낀 감정을 보답이라는 행동으로 표현하기에는 다음의 몇 가지 관문을 극복해야 하기 때문이다. 첫째는 고맙다는 마음을 기억해야 한다. 지속적으로 기억하여 다음에 기회가 되었을 때 나도 준비해야지 하는 마음을 잊어버리지 않아야 한다. 둘째, 동반자들을 위해 작은 돈이나마 쓸 준비가 되어 있어야 한다. 전혀 그럴 필요가 없는 경우임에도 불구하고 다른 사람을 위해 단돈 만 원이라도 지출하려 하는 생각이 들어야 한다. 셋째, 내가 굳이 동반자들에게 이런 서빙을 할 필요가 있을까 하는 생각을 극복해야 한다. 내가 무엇 부족한 것도 없는데, 그들에게 이런 서비스를 제공해야 하나 하는 생각을 극복해야 한다. 넷째, 요깃거리를 사기 위해 상점에 들르거나 별도의 준비를 해야 한다. 집 가까이나 이동 경로에 상점이 있으면 문제가 덜 되겠지만, 그렇지 못한 경우에 상점까지 별도 운행을 해야 하는 번거로움이 있다. 다섯째, 혹시 일기가 불순하거나 상점이 휴일인 경우에 별도의 추가적인 노력을 해야 한다. 하루 전에 준비하거나, 멀리 있는 다른 상점을 알아봐야 하는 경우도 발생한다. 여섯째, 추가적인 짐을 꾸리는 등 운반을 위한 별도의 노력을 해야 한다. 경우에 따라서 이런 짐이 신경 쓰일 경우도 있다. 이런 고려들은 꾸준히 해보지 않으면 느낄 수 없는 요소들이고, 포기해도 무방한 이유가 곳곳에 있다. 이 행동을 꾸준히 실천하는 사람은 이런 불편함을 아무렇지도 않게, 당연한 일인 듯 실행하지만, 하지 않던 사람이 이것을 실천할 때는 마음의 갈등을 유발할 수 있는 요소들이다. 비록 사소한 것이지만, 이런 것을 실천하기 위해서는 많은 번거로움을 감수해야 하는 것이다.

따라서 깨달음 이후에는 훈련이 필요한 것이다. 별것 같지 않은 일이지만, 일어나는 마음의 산란함을 잠재우기 위해 훈련해야 한다. 훈련을 해야 내공 깊은 일을 하더라도 자신과 남에게 생색내지 않고 아무렇지도 않게 실천할 수 있다. 자연스러운 일인 것처럼 아무렇지도 않게 넘어가기 위해서는 훈련을 해야 한다. 이 점에서는 《화엄경》에서 1지, 2지… 하는 보살의 단계와 비슷하다고 할 수 있을 것이다. 어느 단계까지 갈 수 있을지는 각 개인의 성향이나 설정하는 목표에 따라 달라진다. 대승불교에 의하면, 깨달음 자체는 1지 보살에 지나지 않는다. 그 깨달음을 실천하는 정도에 따라 2지에서 10지까지 구분되는데 (실천하는 것은 6바라밀을 실행하는 것을 의미), 마음에 부담 없이 자연스럽게 실천할 수 있는 정도가 되려면 5, 6지 보살의 경지에는 도달하여야 된다.

깨달음이란 어떤 것인가?

'깨닫는다'라는 말은 누구에게나 청량제와 같은 설렘을 주는 단어다. 이전에 몰랐던 것을 알게 되어 한 걸음 더 발전하게 되는 계기가 되며, 보다 더 나은 사람으로 변화되게 해주는 촉매가 되기 때문이다. 이 깨달음은 평생 지속적으로 일어나지 않고, 대부분 어느 순간에 발생하기 되니, 불교에서도 돈오(頓悟)라는 용어를 사용하기도 한다. 그만큼 깨달음은 노력만 한다고 얻어질 수 있는 것이 아니요, 어떤 계기를 통해 접해야 하니, 인력으로만 되는 것도 아니다. 깨달음은 아무 생각이 없이 지내는 가운데 불현듯 찾아오기도 하고, 열심히 공부하고 노력해도 정녕 찾아오지 않을 수도 있다.

깨달음을 경험하고 나면, 이전의 삶과 이후의 삶이 확실히 달라 보이고, 새로운 경지가 나타나게 되니, 사람들은 깨달음을 경험할 필요가 있다. '생각을 바꾸면 세상이 달라 보인다.'라는 말과 같이 깨달음을 얻고 나면 생각이 바뀌고, 세상이 달리 보이는 것은 사실이다. 깨달음을 경험하면 이전의 욕심, 생각, 사고방식, 언어, 행동, 느낌, 태도, 몸

짓 등이 달라지게 되니 개인에게는 혁명적인 변화라 할 수 있겠다. 인간(人間)이 달라졌다고도 할 수 있고, 철이 들었다고도 할 수 있으며, 내공이 깊어졌다고도 할 수 있으니 실로 전인격적인 변화가 일어나는 것이다. 그리고 그 변화는 나쁜 방향이 아닌 좋은 방향으로의 변화이므로, 개인과 사회의 입장에서 볼 때, 깨달은 사람이 많을수록 좋다.

깨달음의 결과가 가장 큰 영향을 미치는 부분은 개인에 대한 영향이다. 깨달음의 최초 선물은 '나'에 대한 긍정적 인식이 아닐까 한다. 우리는 살아가면서 '나'를 주체적인 '나'로 제대로 인식하며 살아가기 쉽지 않다. 대부분 나를 내세우지 않는 것이 겸손한 것이고, 전체에 묻어가는 것이 좋은 처세술인 것처럼 생각하며 살고 있다. 대부분은 '나'에 대한 자신감이 없어서 외부 의견 경청을 중요하게 생각하며, '나'는 누구이고, 어떤 사람인지에 대한 자각 없이 산다. 전체 모임에서 자신의 의견을 거리낌 없이 피력하는 사람도 있지만, 그 사람은 의견 개진하는 데 도발적일 뿐, 자신에 대한 파악이 제대로 된 상태로 사는 사람이라고 말하기 어려운 사람도 있다. 정치가들이나 선동가들은 개인이나 집단의 이익을 위해서 스피커의 역할을 하는 사람들이다.

깨달음을 경험한 사람은 보다 탄탄해진 '나'를 발견할 수 있을 것이다. 내게 어떤 결핍이 있더라도, 외부의 어떤 유혹이 있더라도, 어떤 압박감이 있더라도 별로 흔들리지 않을 것 같은 '나'를 느낄 수 있다. 내가 스스로 생각하는 존재감이 올라가며, 그 면에서 자부심이 있다. 세상의 모든 출발점은 바로 '나'로부터 시작되어야 하며, 세상에 대한 자기 존재의 여부가 내가 행동하거나 행동하지 않는 것에 의해 결정된다. 오늘날의 나는 과거의 노력에 의한 결과이며, 미래의 나는 오늘 내가 어떤 노력을 하고 있느냐에 따라 달려 있는 것이다.

깨달은 '나'는 주변의 평가에 연연하지 않는다. 어차피 주변의 평가란 피상적인 평가가 대부분일 것이고, 평가하는 사람의 수준에서 하는 평가에 지나지 않기 때문이다. 대부분 사람들은 자기 마음에 들지 않으면 불평을 하고, 자기에게 유리하면 칭찬을 한다. 그래서 자기 주관 없이 모두에게 좋게 처신하는 사람을 좋게 평가하며, 그렇기 때문에 그렇게 사는 사람이 출세하곤 한다. 특히 젊은 사람은 사회생활을 할 때 주변의 평가에 연연하여 사는 경우가 많다. 다양한 평가 시스템에서 좋은 평가를 받아야 하기 때문에 눈 밖에 나지 않기 위해서 처세 위주로 생활하는 경우가 많다. 젊은 사람이 깨달음의 경지에 도달하기가 쉽지 않으니, 젊을 때에는 여러 가지 시련을 겪고 살면서 주위에 적응하느라 자신을 돌아볼 기회를 갖기 어렵기 때문이다. 때로는 그렇게 사는 과정에서는 자괴감이 들기도 할 것이다. 그러나 깨달음을 겪고 나면, 이런 오리무중의 삶이 환히 밝아지는 것을 느낄 수 있다. 어차피 나와 맞지 않는 사람은 존재하기 마련이고, 그들은 부정적인 평가를 하게 마련이니, 이에 연연할 필요가 없다. 부정적인 평가를 할 것 같은 사람들은 어떤 짓을 해도 부정적으로 볼 것이다. 반대로 생각이 올바른 사람도 적지 않으니, 그들은 긍적적인 평가를 하게 되어 있다. 한국적인 환경에서 그럴 요소는 많다.

깨달은 사람은 자기 자신의 확고한 논리가 서 있는데, 그 논리는 세상을 바르게 하거나 아름답게 하는 데 필요한 것임을 의심하지 않는다. 웬만해서는 사람과 다투지 않는데, 그것은 사람과 다투어야 할 필요를 느끼지 않기 때문이다. 다투기보다는 다른 방법으로 상대방과 화해 또는 상대방을 교화할 수 있다는 자신감이 있다. 그러면서도 중요한 문제에 대해서는 처세를 이유로 양보하지 않는다. 양보할 경우에는 일이 잘못되어 갈 것이며, 전체와 다른 사람들에게 피해를 초래하기 때문이다. 이 경우에는 다른 사람들이 침묵하더라도 미래를 생각해서 홀로 자신의 주장을 관철시키려고 노력한다. 다른 사람들은 머뭇거리며 주저하지만, 결국은 바람직한 방향으로 끌고 간다.

그러면서도 자신의 논리가 진리인지 항상 스스로 점검하기 때문에 오류를 범할 가능성이 낮다. 그는 진리와 전체의 아름다운 조화를 위해 항상 겸손하게 체크하기 때문에 자기 자신을 내세우지 않는다. 자신의 이익을 결코 내세우지 않으며, 전체의 조화를 위해 기꺼이 희생할 준비가 되어 있다. 자신의 논리 주장은 자칫 잘못하면 다른 사람에게 혼자만의 논리로 비쳐질 수 있다. 따라서 모두가 긍정할 수 있는 자연적인 법칙을 추구한다. 그렇기 때문에 그가 추구하는 논리는 모두가 타당하다고 인정할 수 있는 논리이지만, 복잡하거나 어려운 것도 아니다. 자연스러운 것을 추구하며, 바람이 불면 부는 방향대로 옆으로 휘어지는 것을 마다하지 않는다. 원칙적인 점에 위배되지 않으면 유연성을 최대한 많이 발휘한다.

이렇게 '나'를 발견하게 되면 그다음 찾아오는 결과는 자유라고 할 수 있다. 이 자유는 자연과도 통하며, 자신과 자연이 하나가 되듯 세상의 이치와 자신의 이치가 하나가 되는 경지라고 할 수 있다. 세상의 욕심에 연연하여 마음이 상하지 않으니 자유롭고, 자기가 생각한 대로 행하여도 세상의 이치와 다툴 것이 없어 생각한 대로 행동해도 무방하니 자유롭다. 사람에 따라 가진 것의 차이가 없을 수 없으나, 자신의 위치에서 다 가진 것 같은 삶을 살 수 있으니 비굴하지 않고 자유롭다. 세상에 대해 담담할 수 있으며, 세상의 일부분인 소박한 존재로서 행동하니 항상 겸손하고, 매사에 조심하고 겸양지덕을 나타내니 남들과 다툴 가능성이 없어서 자유롭다. 일이 되어가는 것을 미리 알 수 있고, 그에 따라 처신할 수 있으니, 자신의 현 위치에서도 앞날의 행보에 대해서 짐작할 수 있어 자유롭다. 사람들을 만나면 대략 어떤 사람인지 파악할 수 있어, 그들과 충돌하지 않고 지낼 수 있는 방법을 알 수 있으니 사람에 대해서도 자유롭다.

우리는 많은 심리적 갈등을 겪으면서 산다. 보다 더 나은 생활을 위해 돈을 벌어야 하든지, 정신적 성숙을 위해 좋은 글이나 책을 읽어야 한다든지, 영적 구원을 위해 종교에 몰두해야 한다든지 하는 많은 압박 속에서 살아간다. 이러한 압박들은 우리가 살면서 무언인지는 모르지만 보다 나은 것을 추구해야 할 것 같은 느낌 때문에 발생한다. 내가 잘못 살고 있을 수도 있다는 느낌, 아니 나는 잘못 살고 있는 것이 확실하다는 느낌을 주며, 항상 자기 발전을 위해 무언가를 추구해야 할 것 같은 압박감을 갖게 한다. 명사들이나 종교 지도자들을 만나 보아도 이런 문제에 대한 답은 좀처럼 찾아지지 않는다. 그들은 알 수 없는 모호한 말들만 할 뿐 마음에 와닿는 해답을 내놓지 못한다. 그들의 생활이나 언행 또한 그리 본받을 만한 것이 많이 있는 것도 아니다.

우리는 언제부터인가 자유롭지 않은 환경에서 자란다. 사람마다 다르겠지만 청소년기의 어느 때부터인가 자유라는 단어와는 먼 삶을 살아왔을 것이다. 예를 들어, 캐나다나 영국 사람들은 공산주의의 위협이나 자국이 침략받을 가능성은 별로 생각하지 않고 살아왔다. 그들도 안보나 군대의 필요성을 이야기하지만, 자국의 안보에 대해 걱정을 하지 않는다. 반면에 한국 사람들은 안보라는 의미에 대해 그들보다는 더 피부로 와닿게 느낀다. 6.25 직후의 사람들과 오늘날의 젊은 이들이 느끼는 안보감은 확실히 다르겠지만, 한국 사람들이 안보에 대해 느끼는 점은 영국이나 캐나다 사람들과는 아주 다르다. 즉 영국이나 캐나다 사람들은 안보라는 것에 대해 신경을 쓰지 않아도 되는 환경에 살고 있는 것이다. 자유란 이런 것이다. 자유롭다고 느끼거나 느끼지 못하거나를 떠나 아예 자유에 대한 느낌조차 가질 필요 없을 때 진정한 자유가 있는 것이다. 입시 경쟁이나 직장생활을 해야 하는 사람들은 당연히 어떤 압박감에서 살아가기 때문에 자유라는 개념 자체를 망각하고 살고 있을지도 모른다. 그만큼 한국에서의 생활은 나도 모르는 사이에 자유를 박탈당한 채로 살고 있는 것이다. 요즘 젊은 이들 가운데 제도권에서의 삶을 포기하고, 자유로운 삶을 찾아 시골로 내려가는 사람들의 보도를 종종 접할 수 있는데, 이들은 일찍 자유의 상실감을 느끼고, 여러 가지 압박으로부터 자유로움을 선택한 것이라 할 수 있다.

자유는 해방감에서부터 시작된다. 우리 현대인은 자신도 모르는 압박감에 사로잡혀 살고 있다. 위에 기술한 바와 같이 그 압박감은 자기 주변의 모든 것으로부터 발생한다. 어떤 한 방향으로부터 압박이 오는 것이 아니라 전방위적으로 압박이 발생한다. 그 때문에 어떤 한 가지를 돌파하였다고 해서 진정한 자유가 찾아오는 것이 아니다. 다른 방향으로부터의 압박은 여전하며, 똑같이 해결해야 하는 문제다. 원하던 직장에 입사하였다고 해서 자유가 달성되는 것이 아니며, 다른 것에도 통달해야 한다. 결국 전인격적인 깨달음이 있어야 하며, 그것을 통해서 자신도 모르게 찾아오는 해방감과 자유를 느낄 수 있어야 한다.

전부 다는 아닐지 몰라도 자유로면 행복하다. 행복은 멀리 있는 것이 아니라, 근처에 있으며, 대부분의 경우 자신에게 달려 있다. 가지고 싶은 것을 가지거나, 먹고 싶은 것을 먹거나, 해보고 싶은 것을 할 때 행복하다 느끼는 것처럼, 진정한 자유를 느끼며 누리고 있다는 것을 인식하게 될 때 행복하다. 행복이 따로 있는 것이 아니라 자신이 만족할 수 있으면 행복한 것이다. 그다지 좋은 집이 아니더라도 자연과 함께하는 사람들이 자신의 삶을 행복하다고 말하는 것은 그들만의 세계에서 걱정 없이 자유롭고 만족하기 때문일 것이다. 그런 만족은 무엇을 가져서가 아니라, 주변과 동화되어 더 바랄 것 없이 있는 그대로 좋기 때문이다. 사람들은 많이 가지지 못하기 때문에 행복이 멀리 있다고 생각하고, 그것을 쫓아 살아간다. 많은 시간과 노력을 투자하여 자기가 원하는 행복의 조건을 달성하려고 매진한다. 그러나 그런 사람에게 행복은 항상 멀리 도망가서 손짓한다. 그 사람에게는 행복해 보이는 다른 요소가 또다시 보이기 때문이다. 무엇인가를 실현하거나 이루었을 때 성취감은 있겠지만, 행복이 이루어졌다고 단정할 수는 없다. 그 목표에 도달하고 나면, 새로운 고지가 보이거나, 그 고지에 산재해 있는 어려운 문제들이 나타날 것이다. 이렇듯, 사람들은 자신의 주위에 행복의 요소들이 많다는 것을 잘 인정하지 못한다. 자신들의 주위에는 항상 자기와 익숙한 것이 있고, 때로는 보잘것없이 여겨지는 것들이 대부분이기 때문이다. 그 속에서 살아가는 자신이 초라해 보이고, 따라서 자신이 행복하지 않다고 여겨지기 때문이다.

행복 또한 '나'와 '자유'의 문제와 마찬가지로 심각하게 고려해 볼 필요가 있다. 나는 어떤 사람인지, 내게 행복한 순간이 있기나 했었는지, 나는 어떤 조건이 있을 때 행복하다고 느끼는지, 지금 불행한지, 불행한 원인은 무엇인지, 불행을 행복으로 바꿀 수 있는 방법은 있는지, 있다면 어떤 것인지 등의 생각을 해봐야 한다. 막연히 불행하다 또는 남들과 비교해서 불행하다고 느낄 것이 아니다. 나의 행복의 조건이 내가 생각할 수 있는 이상적인 것에 머물러 있어서는 안 된다. 이상적인 것은 이상적인 것일 뿐, 현실에서는 일어나지 않는다. 따라서 이상적인 것이 현실에서의 목표가 되어서는 안 된다. 현실에서는 현실적으로 생각해야 한다. 내가 현재 하고 있는 일들이 남들보다 못하다고 해서 행복하지 않다고 결론 내리는 것은 너무 많은 것을 바라는 것이며, 옳은 것이 아니다. 사람마다 타고난 달란트가 다르고 주어진 환경이 다르다. 어려움을 극복하며 목표를 달성해 가는 것은 모든 사람이 추구해야 할 바이지만, 나의 행복을 그것에 종속시키는 것은 너무나 손해되는 일이다. 목표를 설정하고 추진해 나가는 것에도 재미는 있지만, 그것이 아니더라도 행복감을 느낄 요소는 얼마든지 있기 때문이다. 어느 정도의 수준에서 멈추고, 어느 종류의 행복감을 추구할 건지 생각해 보아야 한다. 할 수 있는 일은 적극적으로 추진하여 달성하되, 어느 수준에서는 멈춤으로써 지나친 노력의 낭비와 마음의 괴로움이 없도록 하여야 한다. 행복의 얼굴은 무궁무진해서, 주어지는 것이 아니라 나의 선택에 좌우된다. 주체적인 '나'가 주체적인 '행복'을 선택해서 즐겨야 한다. 수동적으로 끌려가면 행복은 결코 다가오지 않으며, 내가 주도적으로 만들어가야 한다. 같은 곳에서 같은 일을 하더라도 행복한 사람이 있고, 행복하지 않은 사람이 있을 수 있다. 어떤 느낌으로 살지는 매 순간마다 어떤 느낌으로 살 각오를 하고 사느냐에 달려 있다.

이런 깨달음에 도달한 사람은 남에게 맞춰 살 수 있다. 대부분의 사람은 자기 이익을 추구하면서 산다. 자신의 이익이 우선이며, 경쟁에서 이겨야 하며, 손해를 보지 않기 위해 산다. 이것은 인간이라면 당연한 행태라고 할 수 있다. 사회나 국가의 모든 시스템이 이런 이기주의에 기반을 두고 만들어졌고, 심지어 가정에서도 부모의 자녀에 대한 희생이라는 부분을 제외하고는 이기적인 요소들이 많이 존재한다. 대부분의 사람이 이와 같이 살지만, 깨달음에 도달한 사람은 일반 사람들이 추구하는 바에 적극적인 관심이 없다. 관심이 없다고 하기보다는 관심을 두는 분야가 약간 다르기 때문에 그들과 이해 다툼에 얽매일 필요가 없다. 그뿐만 아니라 다른 사람이 추구하는 바는 그들 희망대로 내어준다. 자신도 관심이 없어서가 아니라 그게 그렇게 중요하지 않기 때문이다.

깨달은 사람은 다른 사람을 잘 살핀다. 그가 어떤 성격의 사람인지, 어떤 것에 적극적 이익을 갖고 있는지, 어떤 것을 좋아하는지, 어떤 장점과 단점이 있는지 등을 빨리 파악한다. 골프 고수가 초보자를 볼 때, 어떤 문제점이 있는지를 금방 파악할 수 있는 것과 같다. 다년간 많은 경험을 해봤기 때문에 초보자들이 겪는 과정을 이해하고 그의 실력을 바로 파악할 수 있는 것이다. 그와 같이 깨달음을 얻은 사람은 비교적 빠른 시간에 사람을 파악하고, 그에 맞춰 대응한다. 상대방이 원하는 것에 대해 다툴 필요 없이, 상대방이 하자는 대로 하여도 자신은 그에 맞춰줄 수 있다고 생각한다. 자신의 이익을 먼저 내세우지 않으니, 이익 충돌의 여지가 없고, 상대방 의견에도 자신이 발견하지 못한 장점이 있을 수 있으니, 그냥 따라가 보는 것이다. 그렇게 한다는 것이 상대방에게 굴욕적이라고 생각하지 않으며, 상대방을 기분 좋게, 상대방이 주도적일 수 있도록 하는 것에서 행복감을 느낀다. 주관이 없다고 할 수도 있겠지만 그런 것은 아니다. 상대방의 어떠한 요구를 들어주더라도 자신은 아무렇지도 않다는 자신감이 있기 때문이다. 매사에 자기가 주도적이어야 하고, 자기 의견이 관철되어야 만족감을 느끼는 사람이 있을 수 있는데, 깨달음이 있는 사람은 그럴 의도 자체가 없다. 논쟁에서 내가 이겨야 한다는 생각조차 하지 않으니, 대세에 지장이 없는 한 남의 의견에 기꺼이 따라간다.

이 때문에 그는 상대방과 트러블을 만들 가능성이 거의 없다. 상대방의 요구를 대부분 들어주면서 타당한 이유가 있을 때에만 자기 의견을 내세우니 문제 될 소지가 매우 적다. 이해관계의 충돌이 수시로 일어나고, 그 때문에 목소리를 높이는 사회에서 쿠션 역할을 하는 사람이 필요한데, 그는 그런 역할을 한다. 목소리 높이는 사람은 중요한 문제뿐만 아니라 사소한 문제에 있어서도 항상 자기주장이 강하니 분위기를 망치는 주범이 되나, 쿠션 역할을 하는 사람은 그것을 완화시키고, 따라가 주는 역할을 하거나 적절히 조정하는 역할을 한다.

깨달은 사람은 남을 위해 기꺼이 희생을 한다. 이익을 추구하는 것과 그렇지 않은 것, 그리고 남을 위해 희생하는 것은 다르다. 이익 추구는 일반 사람 대부분이 그렇게 한다. 그것이 사람이 타고난 속성이기 때문이다. 자신의 이익을 내세우지 않는 사람은 이익 추구를 하는 사람보다는 훨씬 성숙한 사람이다. 모두 이익을 추구하는 사회에서 사소한 이익쯤은 양보할 수 있는 사람이며, 대체로 무난한 사람이다. 이런 사람들이 많으면 사회는 별문제 없이 흘러갈 수 있다. 그러나 이런 사람도 남을 위해서 희생을 할 수 있을 정도로 적극적이기는 힘들다. 남을 위해 희생한다는 것은 매우 큰 각오를 해야 한다. 그것은 하지 않아도 될 일을 맡아서 하겠다는 것을 의미하며, 시간과 노력과 돈을 제공하여야 한다는 것을 의미한다. 진정한 봉사는 하지 않아도 될 일을 하는 것이며, 일단 하겠다고 선언한 이후에는 남들의 기대에 부응해야 하고, 기대에 부응하지 못할 경우에는 비판도 감수해야 한다는 것을 의미한다. 일반적으로 희생하지 않는 사람들은 잘될 때 아무 소리 하지 않지만, 잘 안될 때에는 비판을 한다. 따라서 희생을 하겠다고 하기까지에는 많은 용기가 필요하고 남다른 성실성이 필요하다. 가만히 있는 것보다 몇 배의 위대함이 수반되어야 희생을 할 수 있다.

해보지 않은 입장에서 볼 때는 사소한 것처럼 보이고 그냥 잘 굴러가는 것 같아서 어떤 어려움이 있는지 알 수 없지만, 일단 일을 담당하고 보면 예기치 않는 어려움을 헤쳐 나가야 하는 경우가 종종 있다.

스스로 깨닫는 것도 중요하지만, 희생을 감수하는 일은 더 어려우며 위대하다. 깨달음은 그냥 따라올 수 있지만, 희생은 자신의 용기가 필요한 일이다. 깨달음은 자신도 모르게 얻어질 수 있지만, 희생은 자신의 결단과 의지 없이는 달성될 수 없다. 깨달음은 신이나 우주 또는 자연의 영역이라 할 수 있지만, 희생은 인간의 영역이다. 아는 것과 행동하는 것의 차이다. 그렇기 때문에 깨달음은 희생을 통해서 완성된다. 그리고 그 희생은 사회의 곳곳에 아름다움의 씨를 뿌리게 될 것이다. 깨달음은 자신에게 머물러 있지만, 희생을 통해서 그것이 비로소 사회에 전파되고 완성된다. 깨달음에 도달했다고 생각하는 사람들은 자신의 주변에서 자신이 희생할 수 있는 요소들을 찾아야 한다. 자기의 도움이 필요한 부분에 기꺼이 손들고 나서야 한다. 경지를 느끼고 안주하고 있는 것도 좋지만, 주변을 위해 희생할 수 있는 용기를 내어야 한다.

희생을 하면서 배우는 점도 있다. 희생은 전혀 다른 경지이기에 그에 따른 문제들이 존재한다. 남을 위해 희생하면서 부딪히는 문제들을 통해 자신의 내공을 더 깊이 쌓을 수 있다. 그런 문제들을 통해 자신의 내공이 어느 정도인지 점검도 해 볼 수 있다. 문제들은 자신을 시험하며, 그 시험을 통해 내가 더 단단해짐을 느낄 수 있을 것이다. 이렇게 볼 때 희생이란 그것을 각오하는 사람에게는 또 하나의 배움의

장이 된다. 다른 사람들은 희생한다고 칭찬하겠지만, 결국 그것은 자기 수양의 자양분이 되는 것이다. 모든 일에는 항상 어려움만 있는 것이 아니고 도움이 되는 면도 있다. 그리고 인간에게는 처음엔 어려워 보여도 헤쳐 나가지 못할 일도 없다.

종교의 깨달음과 인간의 깨달음

유럽이나 북미 대륙을 포함한 서구 사회에서는 특별히 신앙인이 아니더라도 기독교적 가치관이 사회의 근간이 되고 있다. 미국의 경우 대통령이 성경책을 놓고 선서를 하며, 교회의 출석 여부와 관계없이 God은 입에 붙은 용어로 모든 국민에게 일상화되었다. 약 1,000년 동안의 중세시대를 거치면서 서양인들은 기독교적인 의미와 함께 생활해 왔기 때문에 기독교적인 가치관이 사회 저변에 깔려 있다. 현대에 들어서 일탈적인 요소들이 많이 등장하기는 하지만, 서구 사회의 주류 가치관은 기독교적이라고 할 수 있을 것이다.

반면, 한국 사회는 개개인의 삶의 기준이 되는 공통된 가치관이 없는 듯하다. 유교적 전통이 사회적인 질서 저변에 깔려 있는 듯하나, 그러한 질서마저도 요즘에는 무너지고 있는 것 같다. 초중고등학교에서부터 과거의 질서가 무너지고, 학생이나 학부모에게 시달려 교사를 기피하는 현상까지 나타나고 있으니 더 말할 여지가 없다. 그런 환경에서 자라난 젊은이들도 역시 마찬가지여서 요즘 세대는 이해되지 않는 부분이 많다. 세대의 공통된 기준을 모르겠으니 그저 피하는 것이 상책이라고 여기는 사람들도 많다. 유교적 질서가 관행처럼 굳어 왔었는데, 요즘에는 그런 질서를 기대하기도 어려우니, 불필요한 사건에 연루되지 말고 제 한 몸 보전하는 것이 상책인 사회가 되어버렸다.

한국 사회에서 유교는 관습적인 행동규범으로서의 역할을 해왔다. 유교는 사회의 기본적인 룰이 되었으며, 인간 상호 간에 공통적으로 인식되는 기준을 제공하였었다. 그러나 사회의 정신적 발전과 아름다운 행동의 출발점으로서 유교가 얼마나 긍정적인 점을 남겼는가는 의문이다. 유교적 질서는 그 고매함을 중심으로 발전되지 않고, 일종의 충효 사상을 앞세운 권위주의·갑질 등의 관행으로 발전하여 많은 불합리를 낳았다. 유교보다는 한국의 국민성이 더 큰 역할을 했겠지만, 그러한 관행은 비리의 온상이 되었고, 많은 사람들을 괴롭히는 원인이 되었다. 그 결과 인권이라는 기치 아래 과거의 질서가 역전되는 현상이 일어나게 되었으니, 학교나 직장에서 상하관계가 무너지고, 하급자에 의해 상급자가 피해를 보는 경우도 발생하면서, 질서관계가 모호해지는 현상도 일어나게 되었다. 요즘은 서로가 매사에 조심하면서 할 말도 될 수 있으면 하지 않고 지내는 것이 상책인 사회가 되었다. 유교적 사회에서 지낸 결과 어떤 깨달음이라도 얻을 수 있었는지 의문이다. 유교에도 많은 좋은 글들이 많건만, 공통적으로 인식될 수 있는 좋은 가르침은 우리 사회의 중심 사상이 되지 못하였다. 오늘날 유교의 문헌들을 공부해 보면 훌륭한 말과 사상들이 많은데, 한국에서는 좋은 쪽보다는 병리적인 현상이 더 많이 남게 되었다.

유교적 질서가 오랜 세월 동안 한국 사회의 저변에 깔려 있었으나, 조선시대나 해방 이후의 한국 정치를 보면 유교적 가치관이 아름다운 사회를 만들어 낼 수 있을지 의문이며, 유교적 가치관이 우수하다고 강조하기 어려울 것 같다. 유교적 조선 사회는 당파 싸움의 극치를 보여주어 결국 망국의 원인이 되었다. 서양의 선진 세력이 동양에 도달했을 때, 일본 사무라이들은 이 문물을 받아들여 근대화를 이룩했으나, 조선의 사대부들은 당파 싸움에 몰두한 나머지 서양과의 접촉을 차단하고 세계가 어떻게 돌아가는지도 모른 채 문을 닫고 있었다. 을사조약 서명이 문제가 아니라 수십 년 동안 별 도움도 되지 않는 논쟁과 당파 싸움에 초가삼간 타는 줄 몰랐던 당시의 양반들이 문제였던 것이다. 영국과 동맹을 맺고, 청일·러일전쟁에서 승리한 일본이 보기에 당시의 조선은 삼키지 않을 수 없는 먹잇감에 지나지 않았던 것이다. 누구를 비난하겠는가? 오늘날의 정치도 별반 다르지 않다. 민주주의라는 명분 아래 '당'의 이름으로 과거 당파 싸움과 유사한 정권 다툼만 하고 있으니, 그 시대나 이 시대나 한국 사회에 근간을 형성하고 있는 유교적 전통은 궁극적으로 자기 이익 추구의 모델로 인식될 뿐이다. 오늘날 한국 사회에는 각자 이익 추구의 극단적인 형태가 만연되어 있으며, 자기 이익이 침해당했다고 생각될 때 즉각적인 강력한 반발이 나타나는 것도 이러한 영향과 무관하지 않다. 관용과 배려보다는 책임회피, 남 탓, 소송, 폭력 등등 원시적인 갈등이 사회 전체에 만연하다.

한국 사회에도 가끔씩 미덕이 있기는 하나, 사회의 저변에서 꾸준히 발휘되기보다는 월드컵과 같은 특정 행사에 보여 주기 식으로 발휘되며, 일상적이지 못하다. 일부 시민들에 의하여 모범적인 사례가 부분적으로 행해지기는 하나, 그 수가 제한적이기 때문에 모든 사람을 상대할 때 그런 미덕을 예상할 수 없다. 그보다는 원인도 모르게 상대방의 기분이 상하지 않을까 염려해야 하고, 공격적으로 반응하지 않을까 염려해야 한다. 상대방에게는 최소한의 매너만을 기대하고 살아야 하는 세상이다.

유교적 전통에서 얻을 것이 없다면, 그다음 한국인이 찾을 수 있는 정신적 세계는 종교일 것이다. 정신적 기준이 모호한 한국 사회에서 사람들이 찾을 수 있는 대안이 종교다. 종교는 한국 사람들이 마음의 발전을 위해 많이 찾는 분야다. 학교교육이나 직무교육을 제외하고, 한국 사람들이 스스로 찾아가는 교육적 효과가 있는 분야가 종교인 것 같다. 종교를 찾는 목적은 사람마다 다를 것이다. 기복 신앙 즉 복을 빌기 위한 것일 수도 있고, 자신의 미래의 안녕을 기도하기 위한 것일 수도 있으며, 종교의 가르침대로 사후에 천당이나 극락에 가기 위해 다닐 수도 있다. 또는 각박한 세상에서 마음의 평안을 얻기 위해 정신세계에 대한 가르침을 얻고자 가는 것일 수도 있고, 그냥 선하게 살기 위해서 가는 경우도 있을 것이다. 일단 신자라고 하면 그 마음 바탕에 선한 마음이 깔려 있다고 추측할 수 있다. 종교가 있다는 것은 선하거나 성스러움을 추구한다는 것을 의미한다고 볼 수 있다. 한국 사람은 개인적으로는 이런 성향이 강한 것 같다.

사람들이 종교에 다니는 목적에 따라 신앙의 정도와 참여하는 수준이 다를 것이다. 별 의미 없이 일주일에 한 번씩 종교행사에 참여하는 것으로 만족할 수도 있다. 종교시설에 갔다 온 것으로 일종의 깨끗해졌다는 의미를 부여할 수 있고, 그냥 행사로 참여했을 수도 있다. 신앙이 깊은 정도에 따라 종교에 대한 충성도가 달라질 수 있으니, 전 재산뿐만 아니라 자신의 모든 생활을 종교 시설에 바치고도 기쁜 마음으로 사는 수준에서부터, 헌금을 얼마를 내야 하는지 고민하는 수준에 있는 사람들까지 다양할 것이다.

한국에는 기독교와 불교의 신자들이 많은데, 이렇게 두 종교로 나뉘어져 있다는 것 자체가 사회적 통합이나 가치관의 설정에 대단히 큰 방해가 된다. 각 종교마다 자체 교세의 확장을 원하고, 신도들을 대변해야 하기 때문에 상호 통합이 이루어지기 힘들다. 종교의 자유가 있는 것이 좋다고 여길 수 있으나, 그 결과 사회의 통합은 이루어지기 힘드니, 분열을 유발하기 좋은 조건이다. 이 때문에 두 종교는 서로 상호 비방하지 않는 선에서 멀찍이 거리를 두고 병행하고 있으며, 큰 충돌만 피하고 있을 뿐이다. 교리도 각각 다르니 각자의 교리만 이야기할 뿐 사회생활은 교인 각자가 알아서 해야 한다.

종교 교리의 궁극적인 목적은 내세관에 있다. 기독교의 경우 영적 구원 및 부활과 천당을 강조하고, 불교의 경우 해탈과 극락을 강조한다. 이런 목적 아래 각 종교는 다양한 이론들을 만들어 놓고, 교리 공부를 강요한다. 이 과정에서 종교 교리는 정상적인 교육을 받고 사고하는 사람들이 이해하기 힘든 내용들을 믿으라고 강요한다. 기독교의 경우 전지전능한 하나님, 천지의 창조와 독생자, 삼위일체, 부활,

천국 등 정상적인 사람으로서는 이해하기 힘든 말을 믿으라고 한다. 교회의 목사들은 이런 말들을 사실이기 때문에 믿어야 된다고 하며, 실제로 어떤 경험을 했다는 간증을 동원하기도 한다. 불교의 경우 연기와 윤회, 4성제와 해탈, 열반, 극락 등을 이야기하며, 고통스러운 윤회에서 해방되기 위해서는 깨달음이 있어야 하고, 해탈할 경우 더 이상 윤회의 고통을 겪지 않고 영원히 찬란한 극락세계에 머물 수 있다고 한다.

기독교와 불교의 교리들은 오랜 세월 동안 다듬어진 나름대로의 체계를 갖추고 있기는 하나, 보통 사람들로서는 받아들이기 어려운 점이 많다. 이들 교리는 종교이기 때문에 그렇겠지만, 이해할 수 없는 이론으로 대중들을 교육시키려 한다. 대중들은 어차피 종교이기 때문에 그런 교리를 따져 볼 생각은 하지 않고, 이해하지는 못하지만 찬란한 무언가가 있겠거니 하고 생각을 멈추어 버린다. 그들 스스로도 현실성 없는 것을 바라고 왔기 때문에, 막연한 비현실적인 세계로 이끌어 주기를 바라고 있는 것이다. 반면, 종교의 이론가들은 이런 신도들의 마음과는 정반대의 입장이다. 그들은 비현실적인 이론체계를 그럴듯하게 만들기 위해 오랜 세월 동안 정교한 비상식적인 이론들을 만들어 내었으니, 의도 면에서 상당한 차이가 있다. 일반 신도들은 웬만하면 의문을 갖지 않고 믿으려고 하는 데 반해, 종교인들은 상식 밖의 이야기들을 그럴듯하게 꾸며 대기 위해 모든 노력을 기울인다.

종교는 신의 영역에 대한 설명인데, 인간적인 양식으로는 이해하기 어려운 부분이 너무 많다. 종교 지도자들을 포함해서 사람들이 그것을 다 이해할 수 있을지도 의문이고, 실제로 종교에서 가르치는 경지에 도달했는지도 의문이다. 종교를 학문으로 연구하는 것은 이해할 수 있다. 인류의 역사에 영향을 미쳤고, 현재도 영향을 미치고 있는 분야이므로 이 부분에 대해 연구하는 것은 권장할 일이다. 인문학을 연구하는 사람들이 궁극적으로 연구해야 하는 분야이므로 실체를 제대로 밝혀 혼란을 없게 하는 것도 필요하다. 그러나 오랫동안의 연구에도 불구하고, 자명하게 이해할 수 있는 부분은 그리 많지 않다. 기독교의 경우 이해되지 않는 부분에 대해서는 무모한 믿음을 강조하며, 수메르 문화나 길가메시 서사시와 같이 새로 발견되는 부분들에 대해서는 함구한다. 불교의 경우 기원전 약 1,500여 년 전의 베다 사상, 힌두교 사상에서 설정한 증명되지 않는 가설을 근간으로 하여 그것을 탈피하려고 애쓴다. 두 종교 모두 인간을 중심으로 이론을 전개하기보다는 인간은 약하고 부족한 수동적 존재로 간주한다. 이 때문에 현세보다는 내세에 잘 지내기 위한 것을 강조하고, 인간성의 강조가 아니라 내세에 도달하기 위한 적극적 충성만을 강조하고 있다. 종교 이론에서는 인간은 약하고 부족한 존재이기 때문에 내세울 것이 없는 존재일 뿐이다.

종교는 서로 주장하는 바가 다르며, 비상식적인 것을 말하기 때문에 어느 것이 진리인지 알 수 없다. 상호 교류가 없던 원시시대의 경우, 자기들이 사는 세계가 전부이기 때문에 그들만의 독특한 신앙은 심리적으로나 정치적으로나 진리로 인정되었으며, 통용될 수 있었다. 그러나 오늘날에는 모든 사람이 다양한 종교를 접할 수 있고, 비교 분석할 수 있기 때문에 자기의 종교가 진리라고 주장할 수 없게 되었다. 오히려 모든 종교가 신화 또는 허구를 포함하고 있다는 것을 인정해야 할 수밖에 없는 시대가 되었다. 그럼에도 불구하고 오늘날 종교인들은 자기들이 옳다는 주장을 버리지 않고 있음으로써 배타적이고, 자기주장을 양보하거나 상대방을 이해하려는 부분이 매우 약하다. 그리고 그런 정신을 신도들에게 강요하면서 신자 확보에 전전긍긍하고 있다.

종교에서 주장하는 바는 이해할 수 없고 경험할 수 없기 때문에 깨달음 자체도 주관적이며, 따라서 공감하거나 인정하기 곤란하다. 이들의 신봉자는 다른 사람들에게 자신들의 깨달음을 강요해야 하며, 자기 것을 주장해야 되기 때문에 겸양지덕이나 양보는 없고, 자의적이며 주관적이다. 사람들이 자연스럽게 감동되어 따를 수 있는 여건을 만들기보다는 복장이나 건물, 사회적 지위 또는 세력으로 자신의 입지를 스스로 고양시키는데, 이러한 행위를 한다는 것 자체가 위선적이 되기 쉽다는 것을 의미한다. 이들은 나름대로 논리를 세워 진리라고 주장하거나, 세상으로부터 구원받으라고 외치지만, 자신의 깨달음을 통해 자유롭고 행복하며 만족하고, 일상생활에서 희생하며 사는 것이 행복하다는 것은 가르치지 않는다. 다른 사람들에게는 강요하지만, 자신이 그런 모습을 보여주지도 못한다. 너무 고차원적인 신앙에 매달리다 보니 일상생활에서의 실천은 자각되지 않는 것일까? 많은 사람들이 무언가를 얻고자 많은 시간과 노력을 투자하지만, 이런 지식이 쌓인다고 해서 스스로 만족할 만한 깨달음이 찾아오진 않으니 그것이 문제다. 이런 방면에 훌륭하다고 명성이 있는 사람도 내공이 부족한 경우를 종종 보이고 있으니, 이것은 별개의 문제임이 분명하다. 종교는 자신들의 논리를 강조하다 보니 앞에서 말하는 깨달음이나 깊이 있는 내공을 강조하지 않는다. 믿기 어려운 내용들을 열성적으로 설파하는 반면, 사람이 살아가면서 얻을 수 있는 내공의 깊이에 대해서 언급조차 하지 않는 경우가 대부분이다. 따라서 공부를 열심히 하여 머리에 지식은 쌓이더라도 인간으로서의 깊이는 좀처럼 깊어지지 않는다. 그런 부분은 자기들과는 관계없는 부분이거나 아예 그런 부분을 모르는 것과 같은 태도를 취한다.

기독교에서는 오른뺨을 맞으면 왼뺨도 내주라고 하고, 원수를 사랑하라고도 하며, 부자가 천국에 들어가는 것은 낙타가 바늘구멍에 들어가는 것보다 어렵다고도 하고, 모든 것을 버리고 하나님께 의지하라고 가르친다. 불교에서는 집착을 버려야 해탈에 도달하며, 해탈의 경지에 이를 수 있다고 가르치며, 색즉시공(色卽是空) 공즉시색(空卽是色)을 외친다. 또한 버리는 것이 미덕이라며 무소유를 강조하고, 이런 경지에 도달하는 것이 목표이다. 이런 경지를 강조하면서 구원과 해탈을 목표로 신앙생활을 하다 보니 인간 세상에 일어나는 일은 신경써서 실천해야 하는 종목에서 빠져버리고 있다.

이런 종교에서의 가르침 자체가 세상의 인간적인 삶과 너무 다르다. 오른뺨을 맞으면 왼뺨을 내놓는다든가, 무소유하라는 것은 멋있는 말처럼 들리지만 사람들이 사는 세계에서 구현되기는 어려운 내용이다. 인간 세상에 그런 논리는 적절하지 않다. 세상의 모든 불편하고 힘든 일이, 버릴 수 없기 때문에 생기는데, 버리라는 내용은 인간의 생활과는 동떨어진 내용이다. 일부 사람들은 그 말에 매료되거나 실천하려는 사람들도 있겠지만, 대중 대다수에게는 적용할 수 없는 말이다. 성직자들은 그렇게 말할 수 있을지 모르지만, 대중의 논리는 근본적으로 다르다. 버릴 수 없기 때문에, 더 많이 가져야 하기 때문에 인간은 고민과 갈등 속에서 사는 것이다. 종교는 인간 세계의 갈등 속에서 고민에 참여하고, 그것을 개선하려 하는 것이 아니라, 알 수 없는 피안(彼岸)의 세계를 이야기하면서, 사실은 인간을 무책임하게 내던져 버리고 마는 것이다. 종교적 가치의 달성을 위해 열심히 추종하더라도 인간적으로 나아지는 것은 하나도 없다. 자신들은 구원받았다고 생각할지 모르나 인간적인 깨달음은 전혀 이루지 못해 주위 사람들에게 불편함을 끼치거나, 전혀 동떨어진 사고에 사로잡히기도 한다. 종교인이라고 자처하는 사람들 중에서도 존경받지 못한 사람들이 있는데, 그들은 종교적 가치에 사로잡혀 인간적인 깨달음에 도달하지 못한 사람들이다. 그들은 자기가 구원을 얻었거나 해탈했다고 생각할 수 있으나, 그런 종교적 가치의 달성이 사회에 도움이 되지 않는다. 스스로는 마음의 평안을 느낄 수 있겠으나, 주변으로부터 욕먹는 사람이 된다면 아무 소용이 없다. 종교로부터는 칭송을 받지만, 주변으로부터는 손가락질받고 있지나 않은지 자문자답해 보아야 한다. 그런 종교인은 사회나 주변에 별로 도움이 되지 않는다.

가끔 사후세계를 경험했다는 사람들의 증언을 통해 사후세계의 이야기가 보도되고 있지만, 그것도 매우 단편적인 것이고, 일반적으로 인정되기는 불가능하다. 그럼에도 불구하고 종교는 거기에서 잘 살기 위해 현실세계에서 준비해야 한다고 가르치고 있다. 현실에서 잘 준비하기 위한 방법은 종교마다 다르며, 매우 절실하게 극단적으로 잘 하는 사람을 훌륭한 신앙인으로 간주한다. 그렇게 되기 위해 신앙인들은 꾸준히 종교시설을 찾아다니며, 알지도 못하는 그 무엇을 얻으려고 매달린다. 그리고 부수적으로 자기들의 소원성취를 바란다. 그런 자세로 살았던 사람들이 세상을 떠나면, 이승에 남은 사람들은 그들이 당연히 천국이나 극락세계로 들어갔다고 선언하면서 신격화한다. 비현실적인 현상들에 대해서는 의문을 제기하지 않는 그들에 의해서 종교는 지속되고, 그런 비현실적인 것을 바라는 사람들이 지속적으로 종교를 지탱하고 있다.

비현실적인 부분들이 현실에서 때때로 증명되는 부분들이 있다. 전생을 아는 사람들이 나타난다든가 사후 세계를 경험했다던가, 영혼이 있다든가 하는 이야기가 실제로 경험한 사례로 증명되는 경우가 있다. 이런 사례들을 접했을 때, 사람들은 혼란스러워지고, 이해할 수 없는 부분의 존재를 인정하여야 하는 게 아닌가 하는 의구심에 빠져들게 될 것이다. 이러한 사례들의 실증이 사실이기는 하지만, 이런 실증은 비단 종교의 경우에만 한정되는 것은 아니다. 종교에서 배격하는 무속신앙의 경우에도 이런 비현실적인 사례가 종종 실증되는 것을 목격할 수 있다. 따라서 어떤 경우를 막론하고 과학적으로 이해할 수 없는 분야가 실재한다는 것을 배제할 수는 없으며, 이 분야는 지속적으로 연구되어야 할 분야인 것은 분명하다. 그러나 이런 분야가 존재한다고 해서 이것이 종교 교리와 직결되며, 종교가 진리라고 주장할 수는 없다. 세계 토픽 수준으로 지극히 드문 경우에 발생하는 사건을 가지고 종교의 이론이 객관적으로 타당하다고 할 순 없는 것이다. 그것은 이해할 수 없는 미스터리일 뿐이며, 일반적인 현상이라고 볼 수 없다. 종교에 깊이 심취한 일부 사람들은 경험할 수 있을지도 모르지만, 대다수의 종교인들에게 그와 같은 미스터리 현상은 발생하지 않는다. 그런 기적적인 현상에 근거하여, 교리를 만들고 가르치는 것은 일반 대중에 대한 현혹이고, 인간의 사고를 마비시키는 결과를 발생한다. 그러한 교육으로 인해, 정상적인 의구심에 대한 탐구와 생각을 멈추어 버리게 되니, 그것을 공부했다 해서 인간적 성숙에 도움이 되지 못한다.

종교는 현실에서 행복할 수 없다는 논리를 가지고 출발하며, 끊임없이 인간에게 불안감을 조성한다. 기독교에서 인간은 원죄를 비롯한 수많은 죄를 짓고 있으니 죄 사함을 받아야 한다고 하고, 불교에서는 인간은 윤회를 통해 나쁜 카르마(업보)를 벗어날 수 없을 정도로 많이 갖고 있으니, 이로부터 벗어나기 위해서 집착을 버리고 해탈해야 한다고 하고 있다. 자이나교에서는 나쁜 카르마를 없애기 위해서 머리카락을 뽑는 것과 같은 고행을 하기도 한다. 이와 같은 신화적인 논리는 인간이 애초부터 자신감을 가지지 못하도록 하며, 이를 지속적으로 주입하여 인간이 종교에 매달리도록 한다. 종교는 이런 비현실적인 이야기를 만들어 사람들을 현혹시키고, 사람들에게 자신감 결여와 불안감을 조성한다. 이런 비현실적인 요소들이 한국인의 샤머니즘 정서와 결합하여 한국의 대표적 종교가 되고 있는 것이다. 원시시대도 아닌 현대 사회에 사는 사람들이 여전히 이런 이야기에 자기 자신을 잃어버린다는 것이 이상하다.

종교적 가르침에도 분명히 인간 사회에 도움이 되는 가르침들이 있다. 그러나 신의 경지에 들어가는 것이 목표이기 때문에 종교에서는 인간 세계에 필요한 가르침을 강조하지 않는다. 그것보다는 종교적 신자를 만드는 것이 우선이다. 신도들도 신의 영역에 들어가기 위해 종교시설을 찾지, 인간적인 가르침을 배우거나 달성하기 위해 찾지는 않는다. 그들이 바라는 목표도 인간 차원이 아닌 자신도 잘 모르는 다른 무엇인가를 찾는 것이다.

종교의 교리들은 인간으로서는 이해할 수 없는 교리이기 때문에, 그 교리들이 인간 교육에 기여하는 바는 별로 없다. 종교행사에 참여하고, 사회에서 듣지 못하던 강의를 몇십 분 들었다고 해서 그것이 인간의 깨우침에 별로 영향을 미치지 못한다. 종교의 교리는 신의 세계에 접근하는 것이 목표일 뿐 인간끼리의 문제에 대한 해답이나 가르침은 없다. 신의 세계에 도달하는 것이 목적이니, 어떤 사람이 되어야 하는 것에 대한 가르침은 있을 수 없다. 그 결과 소위 종교 지도자들이라고 하는 목사나 승려들 중에서도 인간적 수준이 떨어지는 사람을 종종 볼 수 있다. 종교시설의 재산을 둘러싼 갈등, 세습, 권력다툼 등이 종종 보도되고, 깨달음과 무소유를 주장하고 오른뺨을 맞으면 왼뺨도 내주어라고 가르치는 사람들이 만인의 지탄을 받는 행동들을 서슴지 않는 것을 보면, 종교인이 되기 전에 먼저 인간이 되라는 말을 하고 싶다. 천국과 극락을 이야기하기 전에 먼저 덕망 있는 사회인이 되는 것을 배우라고 하고 싶다. 종교의 세계에서는 거룩한 옷을 입었지만, 사회의 이권 다툼에 있어서는 일반인보다 못한 추한 알몸 인간이 아니던가. 즉, 종교인의 대다수가 그렇지 않다 하더라도, 종교에 몰입함은 성숙한 인간이 되는 길과는 거리가 멀고, 거기서의 가르침은 성인(聖人) 또는 군자(君子)에 도달하는 길이 아니라고 할 수 있다.

이와 같은 현상이 지속되는 한, 인간과 사회를 위한 가르침은 정립되지 못하고, 각자에게 맡겨지고 만다. 종교적 경지의 깨달음도 좋겠지만, 인간 사회에 적용될 수 있고, 주위에 선한 영향을 줄 수 있는 깨달음이 먼저 있어야 한다. 종교적 차원을 목표로, 도달할 수 없는 길을 갈 것이 아니라, 어느 수준에서 멈추어야 한다. 인간 세계로부터 도피해야 하는 해탈과 구원이 아니라, 인간 세계에 살면서 아름답고 선한 이미지를 전파할 수 있는 도량 있는 인간이 될 수 있도록 노력해야 한다. 우리가 살고 있는 세계는 보이지 않는 세계가 아니라 우리 눈앞에 펼쳐진 세계이며, 우리가 함께 살아가야 하는 세계다. 이 세계 내에서 보다 더 행복하게 즐기면서 살 수 있는 연구가 중요한 것이며, 사후 세계의 천국을 모색하느라 등한시될 수는 없다. 가치를 알 수 없는 천국이나 극락에 도달하기 위해 노력하기 전에, 인간 세상에서 아름다운 사회를 만들고, 그 사회에서 행복하게 사는 것이 더 당면한 목표가 되어야 한다.

현실에서 사람들은, 자기가 좋아하는 사람들과 좋아하는 일을 하고 있을 때 행복감을 느낀다. 직장 일이든, 취미활동이든 자기가 원하는 일을 할 때, 특히 인간적으로 성숙한 사람들과 함께할 때에는, 그 활동을 통해서 더 바랄 것 없는 행복감을 느낄 수 있다. 우리가 세상을 살아가는 동안에 이런 행복감을 더 자주 느낄 수 있다면, 그것이 바로 우리가 구현할 수 있는 천국이다. 이런 천국은 사람에 따라 자주 느낄 수도 있고, 가끔 느끼는 사람도 있을 것이지만, 우리 인간에 의해서 창조될 수 있는 세계다. 이런 기분으로 하루를 보내고 나면, 이것보다 더 좋은 일이 어디 더 있을까 하는 생각이 든다. 환상이나 몽롱한 상태는 아니라 할지라도, 현실에서 우리가 느낄 수 있는 최대의 행복이 바로 여기에 있는 것이다. 사실 모든 사람이 열심히 사는 이유도 바로 이런 행복을 자기 것으로 만들기 위해서이다. 이보다 더 행복할 수 있을까 하는 삶을 위해서 젊었을 때 최대한 시간과 노력을 투자한다. 젊었을 때 휴식도 없이 열심히 사는 것은 인생의 어느 시점에 이러한 행복을 달성하기 위해서이며, 당연한 투자다. 공동배분이 아닌 사회에서 남들보다 잘 살기 위해서 노력하는 것은 당연하다. 그래야 원하는 수준을 달성했을 때 성취감을 느낄 수 있다.

중요한 것은 현실에서의 행복 추구를 인간 최대의 가치로 인식해야 한다는 것이다. 인간은 자신이 살고 있는 세계에 대한 자각과 자기 삶에 대한 자신감을 가져야 한다. 자신은 현실에 살면서 내세의 행복에 목표를 두고 있다는 것은 잘못된 삶의 자세다.

깨달음과 소유

한국 사회에서 한때 무소유라는 용어가 큰 인기를 끌던 시기가 있었고, 반면에 모든 것을 갖추었던 승려는 풀 소유라는 비아냥거림과 함께 사회적인 지탄을 받고 한동안 활동을 중지한 적이 있었다. 어떤 유행이 출현하면 무조건적으로 휩쓸리는 경향이 있는 한국 사회에서 무소유는 한동안 대표적인 화두였다. 무소유라는 용어가 어떻게 세간의 화두를 끌게 되었는지는 알 수 없지만, 그 무소유를 주창하게 된 계기도 일상에서 일어나는 매우 미미한 계기에 불과하며, 그걸 가지고 무소유라고 할 가치가 있을까 하는 정도로 의문이 들 수밖에 없는 것이었다.

불교에서는 깨달음을 추구하기 위해서 무소유가 필요하였다. 불교 교리에 의하면, 세상의 고통은 집착에서 비롯되고, 집착은 욕망이 생기기 때문에 일어난다. 세상에 사는 한 욕망이 없을 수 없으니, 그 욕망의 근원을 원초적으로 없애기 위해 세상을 버리고 출가하는 것이다. 출가는 사회적인 사망선고나 다름없는 것이며, 가족을 포함한 세상과의 모든 인연을 단절하는 것이었다. 그러면서 불경을 암송하고 참선을 하며, 식사는 탁발로 해결하였다.

일반적으로 이런 삶이 무소유의 삶이라고 하지만, 과연 이런 삶이 무소유의 삶이라고 할 수 있을까? 세상의 것을 버리고 사찰로 갔지만, 승려들에게 의식주는 보장된다. 세상에서 열망하는 부를 버리고 가진 것 없이 산다지만, 그들이 의식주 걱정을 할 필요는 없다. 초기 불교 시절에는 무리 지어 탁발을 나가면 일반 국민들이 식사를 제공했고, 중요 절기가 되면 앞다투어 공양을 바쳤으며, 사회적으로도 신분을 인정받았다. 이러한 현상은 현재까지도 지속되어 승려들은 개인 소유는 아니지만 사찰이라는 근거지에 기거하면서 의식주에 걱정이 없다. 독립된 사찰의 경우 간혹 운영 유지에 어려움이 있는 곳도 있지만, 일정 사찰에 근거하고 있는 승려는 소득 걱정 없이 정해진 규칙을 준수하며 수행만 하면 된다. 즉 승려는 부유하지는 않지만, 의식주 걱정은 하지 않아도 되었다. 공자도 위대한 말씀을 많이 했지만, 10여 년 동안 당시에는 귀족의 상징인 수레에 서책을 싣고 전국을 주유할 수 있었던 배경에는 장사와 사업에 능한 제자 자공(子貢)의 경제적 도움이 중요한 역할을 하였다. 만약 공자가 스스로 의식주를 해결해야 했다면, 그런 고고한 삶을 살 수 있었을지 의문이다. 공자가 칭찬하는 유일한 수제자인 안회(顔回)는 가난하여 굶는 일이 허다하였고, 결국 영양 실조로 죽었다 하니, 아주 대조적이다.

하루하루 먹고사는 문제는 인간에게 필수적인 조건이다. 무소유를 외치는 사람도 기본적인 의식주는 해결된 상태에서 그러한 주장을 한다. 그가 주장한 무소유는 그런 의미에서 무소유다. 산으로 들어간 승려들의 경우에 추가적인 재산의 축적이 필요 없다고 할 수 있겠지만 일반 사람들은 그렇게 살 수 없다. 일반 사람들은 스승의 모든 가르침을 그대로 수행하였다고 공자가 칭찬한 안회처럼 살 수 없는 것이다. 일반 사람에게는 의식주 해결 자체가 커다란 과제이며, 가족이 있는 경우 의식주 해결에 더해 더 큰 짐이 지워진다. 의식주 해결의 부담 때문에 자식을 버리거나 내다 팔기도 하는 것이 사람들의 현실적인 삶이다. 조용한 사찰에 앉아서 수행에 정진하는 것과는 너무나 대조적인 삶이 인간들의 삶이다. 난을 햇볕에 내어놓은 것을 잊어버리고 들여놓지 않아 죽을까 염려하다가 깨달았다고 하는 무소유와는 차원이 다르다. 그렇기 때문에 불교에서도 재가(在家) 승려의 경우 무소유를 추구하지 않는다. 무소유를 하고는 먹고살 수 없기 때문이다.

사회의 대부분의 사람들은 의식주 해결에 허덕이며 살고 있다. 의식주가 아니더라도 사회에 살기 때문에 필수적으로 수행해야 하는 일들이 있는데, 이런 일들 모두가 의식주와 관련된다. 사회에 산다는 것 자체가 이런 것을 요구하기 때문이다. 여러 가지 이유로 2잡, 3잡을 뛰면서 힘들게 사는 사람들도 있는데, 이들이 이렇게 사는 이유도 사회에서 의식주의 기반을 만들기 위함이다.

어떤 목적이든 깨달음을 위해서는 지난날을 돌이켜 보거나, 주변의 돌아가는 것을 살펴보면서 조용히 생각할 시간을 가져야 하는데, 의식주 해결을 위해서 동분서주하는 사람들은 이러한 시간을 가질 수 없다. 매일 기본적인 삶을 걱정을 해야 하며, 궁리를 해야 하고, 미래에 대한 불안감 속에서 살아야 한다. 이런 삶 속에는 인생에 대한 생각을 한다는 것 자체가 사치이며, 삶을 위해 투쟁하고 있는 그들에게 이런 말 하는 것 자체가 미안한 일이다. 이 때문에 기본적인 사회생활을 안정적으로 보장할 수 있어야 하는 것은 필수적이다. 승려에게 제공되는 최소한의 안정처럼 사회생활에서도 최소한의 안정이 보장되어야 하는데, 문제는 이것을 사람들 각자가 만들어야 한다는 것이다. 그러므로 사람들은 안정적인 생활 보장을 위해 어떻게든 필요한 만큼 소유해야 한다.

기본적인 안정이 보장되지 않는다면, 사람은 정상적인 사고를 할 수 없다. 현실적인 문제 해결이 최우선이기 때문에 사고가 경직되거나 한쪽으로 치우쳐도 스스로 알아내기 힘들다. 종합적인 사고나 균형 잡힌 사고를 할 수 없으며, 보도되지 않는 의미를 생각할 여유도 없고, 한쪽으로 치우친 견해를 갖기 쉽다. 필요한 정보는 절대로 모두 제공되지 않기 때문에 자신이 판단하여 필요한 부분을 채워야 하나, 이러한 생각이나 노력을 할 겨를이 없다. 그냥 들리는 것만 듣고, 보는 것만 보며 단순한 생각을 할 뿐이다. 자기의 가치관에 비추어 옳고 그름을 따져봐야 하지만, 가치관조차 제대로 확립되어 있지 않으니 따져볼 기준도 모호하다. 그저 단편적인 생각을 전부라고 생각하며 그 수준에서 생각을 멈추어 버린다. 한국 사람들 대부분 이런 종류의 생활을 하기 때문에 대중 선동의 대상이 되기 쉬운 것이다. 역으로, 정치권에서는 이런 사람들을 많이 만들어야 동원하기가 쉽다. 이런 현상은 특히 선거 때 드러나는데, 여러 형태의 대중 조작이 이루어지고 있다.

중산층이 무너져 가난한 사람들이 많아져야 단편적인 사고밖에 할 겨를이 없는 대상이 많아지는 것이다.

안정적인 의식주가 보장되지 않으면, 종교에 쉽게 솔깃해지거나 사이비 종교나 사기에 현혹되어 자신을 망칠 가능성도 커진다. 무언가에 마음의 위안을 받고 싶은 마음은 쉽게 종교에 마음을 열게 되며, 종교 교리의 신빙성 등을 따지지 않고, 스스로 믿고 싶은 대로 믿으려 한다. 한국에서 사기당하는 사람들이 많은 것은, 절박한 상태에 있는 사람들이 눈앞의 이익에 솔깃하여 짧은 시간에 큰돈을 벌고자 하는 마음이 있기 때문이다. 필요한 의식주가 해결되지 않으면 정상적인 사고를 할 수 없고, 깨달음 같은 것을 추구할 수도 없으니, 필요한 만큼의 소유는 필수적이다. 실제로는 무소유 하지도 않으면서 무소유를 주창하는 사람이나, 그런 말이 멋있다고 무소유의 신드롬을 만들어내는 사람들이나, 모두 현실감 없는 사람들이며, 자기기만이다. 지나치면 안 되겠지만, 현실은 절대로 필요한 만큼의 소유를 필요로 한다.

2부

깨달음으로 가는 길

생각과 행동의 중심인 나

모든 사람들이 비슷한 환경에서 비슷한 교육을 받고 성장하는데, 왜 호평을 받는 사람들이 있는 반면, 악평을 받는 사람들이 있을까? 대부분의 사람들은 자연스럽게 성장하면서 자기 자신에게 별로 신경 쓰지 않으면서 살아간다. 사람들은 자연스럽게 좋은 습관을 많거나 적게 습득하지만, 많은 사람들은 자신이 어떤 사람인지도 모른 채 성장하여, 타인에게 불편한 존재가 된다. 좋은 습관을 가진 사람들은 분명 인생의 어떤 순간에 깨달음이 있었을 것이다. 어떤 계기를 통해 남들보다 깊은 사고를 하여 자기 자신을 변화시켜 나가는 과정이 있었을 것이다. 아마도 그것이 그렇게 중요한 사건인지도 모르고 지나갔을 수 있다. 인간은 결코 어떤 계기가 있지 않으면 성장하지 않는다. 타고난 천성에 의해서 좋은 습관이 배양되는 사람이 있기도 하겠지만, 대부분의 사람에게는 유아적인 이기심이 최초의 출발점이 된다. 그런 이기심을 억제하거나 좋은 쪽으로 승화시키지 못하면, 망나니와 같은 인간으로 성장하고 결국 남에게 피해를 끼치는 인간으로 귀결되고 만다.

따라서 좋은 인간을 만들기 위한 과정들이 세밀히 연구될 필요가 있다. 종교의 교리가 세월을 거치면서 연구되고 다듬어졌듯이 훌륭한 인간을 만들기 위한 과정들도 고민과 연구를 통하여 제시되고, 그것을 꾸준히 따라 하려는 노력이 수반되어야 한다. 우리에게 확실하지 않은 세계에 대한 이야기가 성경이나 불경과 같이 많다면, 우리가 확실히 알고 즐길 수 있는 세계를 만들기 위한 경전과 같은 텍스트도 분명히 있어야 한다. 그리고 다른 어떤 고전보다 먼저 공부하고 훈련하여야 한다. 그런데 오늘날 사회에서는 사람에게 가장 중요한 이런 부분에 대한 체계적인 연구는 없고, 그냥 개개인에게 맡겨져 있는 반면, 상대적으로 덜 중요한 분야에 대한 내용들이 많다. 인간다운 생활을 위한 내용이 종교 관련 서적과 고전, 권장도서 등에 부분적으로 제시되어 있지만, 그것으로는 절대적으로 부족하다. 예를 들어 고전 중에서 그런 면을 가장 잘 설명하고 있다고 볼 수 있는 수양 도구나 철학으로서의 불교가 인간의 깨달음에 도달할 수 있는 방법론적인 측면을 보여주고 있다고 할 수 있으나, 그런 내용을 안다고 하더라도 좋은 사람이 되기 위한 깨달음에 도달하기는 어렵다. 불경은 마음이 변화된 단계들의 모습을 기술하고, 그 단계에 도달하면 어떤 실천을 해야 하는지는 기술하고 있으나, 변화되기 위해서 또는 다음 단계로 도약하기 위해서는 어떻게 해야 하는지는 제시하지 않고 있다. 초보자가 그렇게 변화되기 위해서 어떤 과정들을 거쳐야 하는지에 대한 행동 요령을 가르치지 않기 때문에 마음이 변화되는 실천을 할 수 없는 것이다. 즉 사람이 변화되기 위해 따라야 할 훈련 매뉴얼 같은 내용들을 기술한 지침서는 거의 없다. 종교나, 동양철학의 내용들은 분명 그와 같은 경지가 있다는 것을 인식하고 있는 것 같은데, 실제로 사람을 변화시키는 모습을 제시하지는 못한다. 좋은 내용을 읽었다 하더라도 결국은 사람이 변해야 하는데, 그 변화하는 과정을 제시하는 내용은 찾아보기 어렵다. 인생의 어떤 계기를 겪으면 사람이 성장하는데, 그런 계기를 일부러 만들 수도 없고, 많은 계기를 경험할 수도 없다. 따라서 사람이 고민하며 생각하게 하는 데에는 한계가 있기 마련이다. 그러므로 그러한 고민에는 어떠한 것들이 있는지, 고민하는 과정은 어떠한지, 스스로 풀어 나가기 위한 방법은 있는지 등에 대한 내용들을 제시하는 것이 필요하다. 굳이 인생의 어려운 경험을 겪지 않더라도 욕먹는 사람에서 칭찬받는 사람으로 변화되기 위해서 따라야 할 과정, 즉 평범한 일상을 살면서 깨달을 수 있는 과정을 설명할 수 있어야 한다.

고전이나 종교는 그러한 서적들이 말해야 하는 열매들을 기술하지만, 그 열매가 맺히기 위한 성장과정을 기술하지는 않는다. 성장과정은 사람들마다 다를 수 있고, 구조와 조건도 다르기 때문에 일률적으로 기술하기는 어렵다. 그럼에도 불구하고, 성장과정은 중요하다. 그것은 한발 한발 내디뎌야 하는 발걸음이고 시련이 뒤따르는 고통의 과정이기 때문이다. 열매만 봤을 때에는 과정과 고통을 쉽게 생각할 수 없다. 그것이 얼마의 시간이 걸리는지도 알 수 없다. 열매는 찬란하고, 쉽게 이해되고, 선뜻 다가갈 수 있을 것 같지만, 과정은 하나하나의 노력이다. 아무도 가르쳐주지 않는 그 방법은 자기가 찾아야 하며, 그 방법이 어떤 길로 가는 길인지도 모른 채 실천하여야 한다. 다만 노력하다 보면 자신도 모르게 도달하게 될 것이다.

인간다운 아름다운 삶을 위한 깨달음의 출발은 자신에 대한 인식으로부터 시작해야 한다. 이 세상을 형성하고 움직이는 행위자는 인간이다. 따라서 이 세상의 주체는 인간이다. 과거에도 그러했고, 현재뿐 아니라 미래에도 그럴 것이다. 그런 인간들이 전쟁도 하고, 사랑도 하고, 배려도 한다. 그런 것에 대해 일반적으로 다 동의하겠지만, 과연 나는 나에 대해서 얼마나 주체적으로 생각하고 살아가고 있을까?

사람들은 태어나서 유년 시절을 보낼 때까지는 천진난만한 자신감을 가지고 활기차게 생활한다. 세상을 모르는 시절이기 때문에 하고 싶은 대로 하고, 필요한 것이 있으면 부모에게 말하거나 조르면 대부분 다 이루어진다. 이 시절은 본인에 대한 자신감이 충만한 시기다. 그러나 자라면서 공부 잘하는 아이와 그렇지 못한 아이의 구별이 생기게 되고, 공부 잘하는 아이들은 학교와 집에서 칭찬받으며 자라는 반면, 성적이 좋지 않은 아이들은 별로 내놓을 것이 없는, 그래서 학교에 가는 것이 재미없거나 일탈행위를 하는 아이로 자라게 된다. 능력의 한계를 느끼면서 본인 스스로 차별을 느끼게 되고, 무기력을 경험하게 되고, 자신감을 상실하게 된다. 자라면서 이러한 현상은 점점 더 심화되며, 사회에 나와서는 더 뚜렷이 드러난다. 열심히 공부했지만 목표 달성에 실패했을 때나, 원하는 직장에 들어가지 못했을 때, 서서히 사회의 경쟁에서 밀려나는 신세가 되면서 자신감을 상실하고, 미래에 대한 어두운 전망과 불확실성 때문에 고민하게 된다. 이 외에도 가난 때문에 자신이 희망하는 일을 하지 못할 때에나, 소위 백이 없어서 원하는 바를 얻지 못하였다고 생각할 때에도 사회에 대한 무기력을 느끼며 자신감을 상실하게 된다. 어른이 되고 사회생활을 하면서 이런 경우는 더욱 많아지게 되는데, 이 모든 경우가 앞날의 전망이 밝지 않고, 불확실하여 미래를 불안하게 생각하기 때문에 발생한다. 더구나 종교 같은 데에서는 인간은 원래 나약한 존재라는 것을 강조하고, 신에게 귀의하여야 복을 받고 사후 세계에 좋은 곳에서 살 수 있다고 유혹하기도 한다.

이런저런 이유로 사람들은 자신에 대한 자신감을 상실하고, 자신의 생각으로 이 세상을 개척하기보다는 외부의 도움에 의지하고 싶어 한다. 소위 고전이라고 하는 책들을 읽어야 한다고도 하며, 종교에 의지하기도 하고, 나름대로 판단한 선각자의 글이나 연설 등을 찾아서 읽으며, 그 속에서 도움이 될 만한 길잡이가 있기를 바란다.

선각자들의 교훈을 참고하는 것은 중요하다. 자기가 미처 깨닫지 못한 것들에 대해 기술한 것이기 때문에 인생의 길라잡이로서 그들의 깨달음은 참고할 가치가 있다. 그러나 더 중요한 것은 그것을 읽는 사람 본인이다. 자신을 상실한 가운데 그런 글들을 읽는 것은 별로 도움이 되지 않는다. 책 속에 자신이 있는 것이 아니라 자신 속에 자신이 있다. 외부로부터 자신이 갈 길을 찾으려 하는 것이 아니라 자신으로부터 자신을 찾아야 한다. 머릿속에 지식이 늘어난 것과 그것이 자신의 삶의 변화로 이어지는 것은 다르다. 자신이 주체가 되어 지식을 이용한다는 다소 건방진 자세가 필요하다.

고전에 나오는 선각자들의 깨달음은 고전이라고 인정을 받고 있는 현대에서 볼 때에는 자명한 진리 같지만, 선각자들이 처음 그것을 주장했을 때에는 많은 현실적인 어려움에 직면했었다. 고전의 저자들은 신이 아니며, 생각의 힘으로 기존 사회를 비판하고 새로운 길을 개척한 우리와 유사한 인간이다. 그들이 지식 면에서 남보다 우수할 수는 있겠지만, 우리와 같은 인간으로서 생각과 노력 끝에 그러한 사상들을 만들어 낸 것이다. 성스럽게 생각하는 종교서적들도 어느 시점에 인간에 의해 기록되었고 수많은 세월을 거치는 동안 인간에 의해 교정되고, 가감되고, 취사선택된 책이다. 수많은 세월이 흐르는 동안 그 결과물을 성스럽게 만드는 작업 또는 조작이 이루어져 내려온 것이다. 고전의 저자들을 우러러볼 수는 있지만, 그렇다고 우리와 다른 별개의 세계에 살았기 때문에 가능한 일이었다고 생각할 수는 없다. 선각자들 역시 인간이고, 그들은 인간적인 사고와 고뇌를 통해 그런 고전을 만들어 낸 것이다. 그들 스스로의 생각의 힘과 용기가 없었다면 그런 고전은 탄생하지 못했을 것이다. 그들이 인간인 것과 마찬가지로 우리도 인간이다. 미흡하기는 하지만, 우리도 그들과 같은 인간이므로 고전을 저술하지는 않는다 하더라도 나의 인생에 대해, 나와 세상에 대해 도전적인 삶을 살 수는 있다.

고전이라고 일컬어지는 교훈들이 최초부터 갈채를 받으며 등장한 것은 아니었다. 고전의 교훈들은 기존 사회에 대한 비판의식을 가지고 있는 것이 많기 때문에 기존 사회로부터 배척되는 경우가 많았다. 어느 사회든지 기존의 룰을 흔들거나 위정자의 방침에 위배되는 논리의 설파를 환영하지 않는다. 그 때문에 처음부터 각광받으면서 등장하지는 못하였으나, 세월이 흐르고 시대가 변하면서 타당성이 인정되어 고전이 된 것이다. 오랜 세월 동안 선각자들이 불편을 감수하며, 핍박에도 불구하고 버티지 않았다면 오늘날의 고전은 없었을 것이다. 그만큼 그들에게는 자신의 생각이 옳다는 신념이 있었던 것이다. 그들은 자신의 생각의 힘을 믿고 세상과 싸웠던 것이다. 고전을 전파한 선각자든, 현대를 사는 우리들이든 자신이 스스로 무엇을 하지 않으면, 이루어지는 것이 없다. 외부에 의존하는 것은 심리적인 위안이 될 수는 있어도, 자신의 형편을 나아지게 하는 것은 없다. 심리적 위안이란 일시적인 평안이고, 결국은 현실 도피에 지나지 않는 것이며, 현실을 개선시키지는 못한다. 내가 생각하고 움직이지 않는 한 현실은 변함이 없다.

내게 자신이 있어야 한다는 것은 결국 본인이 스스로 삶의 주체로 살아야 한다는 것을 의미한다. 삶의 주체로 살기 위해서는 현실을 직시하여 파악하고, 생각하고, 행동하는 것을 의미한다. 여기서 행동이란 선택하고, 노력하고, 결심하는 것을 의미한다. 사람은 저마다 타고난 달란트가 달라서 머리가 좋은 사람이 있고, 예술적인 감각이 뛰어난 사람이 있고, 말을 잘하는 사람도 있고, 생각이 깊은 사람도 있다. 어떤 한 분야에 뛰어난 사람은 자기에게 맞는 분야를 찾아서 인생을 살아볼 수 있다. 사회적으로 선망받는 분야에 모두 진출할 수 없는 것이 현실이기 때문에 이를 받아들여 우선 자신에게 적합한 분야를 찾는 것이 필요하다. 이것저것 특별한 재주가 없다고 판단되는 사람도 자기가 할 수 있는 분야를 찾아야 한다. 남들과 같은 재주가 없다는 것이 억울할 수도 있지만, 그것 때문에 인생을 포기할 수는 없다. 사회적으로 자랑할 수는 없어도 본인이 할 수 있는 분야를 찾아서 사회에서 한 목소리를 담당하는 것이 필요하다. 목표를 높이 설정해서 그렇지, 살다 보면 어디에나 인생도 있고 행복도 있다. 선망하는 직업에 종사하는 사람들이 모두 행복한 것도 아니다. 살다 보면 환경에 적응하여 살게 되며, 이 인생이나 저 인생이나 비슷한 행복과 불행을 겪으면서 살게 되니, 굳이 안되는 것에 매달리며 인생을 낭비할 필요는 없다.

자신의 현실을 직시하고, 그에 적합한 직업을 선택하는 것도 용기가 필요한 일이다. 사람은 누구나 인생의 어느 순간에서 선택을 해야 하며, 인생은 몇 번의 선택에 의하여 결정된다. 공부를 잘하여 원하는 목표를 쉽게 달성하는 사람도 있지만, 잘되지 않아 수년 동안 공부하는 사람도 결국은 공부하기로 선택하는 것이다. 고시 낭인으로 전락하는 사람도 그 길을 선택한 것이다. 사람이 살다 보면 어쩔 수 없이 선택의 기로에 놓이게 되는데, 그 순간의 선택은 용기를 요구한다. 선택의 순간, 용기 없이 가만히 있게 되면, 치고 나가는 다른 사람의 들러리가 될 뿐이다.

모든 것을 다 알고 선택한다면 좋겠지만, 그렇지 못하는 경우가 대부분이다. 선택은 미지의 길로 들어서는 것이기 때문에 결단이 필요하다. 그렇다고 선택해야 하는 순간에 주저해서는 안 된다. 인간은 어떤 환경에서든지 적응할 수 있고, 적응해야만 한다. 선택 이후에도 다른 문제들이 발견될 수 있으나, 새로운 문제는 닥치면 해결한다는 자세로 임해야 한다. 이것은 인생에 대한 자세의 문제이며, 달란트의 문제가 아니다. 달란트가 부족하더라도, 적극적인 자세가 부족하지는 말아야 한다.

어떤 분야에서건 모두가 인정하는 전문가가 있고 그렇지 못한 사람이 있다. 같은 직종에서 같은 조건으로 일하는데, 누구는 전문가가 되고, 누구는 요구되는 최소 업무만을 수행하면서 겨우겨우 살아간다. 같은 직종이라도 전문적인 지식이 있으면 인생을 여유 있게 즐기면서 살 수 있으나, 기본 업무만 수행하면서 살면 끌려가는 자세로 산다. 이렇게 사는 것은 달란트의 문제가 아니며, 인생과 업무에 대한 자세의 문제다. 즉 매사에 적극적인 자세를 가져야 하는 것이다. 업무를 수행하다 보면 업무와 관련된 궁금한 문제들이 생겨나게 되고, 업무의 총체적 내용이나 연관성을 파악해야 할 필요성이 생긴다. 이럴 때, 관련 분야나 의문이 나는 분야를 모른 채로 방치한다면 그 사람은 발전이 없다. 반대로 약간의 노력을 더 투자해서 관련 분야에 대한 지식을 넓혀 간다면 그 사람은 여유 있는 근무를 할 수 있을 것이다. 그 결과 찾아오는 상위계급으로의 진출은 부수적인 보너스다. 같은 장소에서 같은 시간을 보내더라도 다른 사람보다 2~3배 더 생각하고 추구하며 살면, 지식도 는다. 무엇보다도 자신의 존재감에 대해 스스로 자부심을 느낄 수 있으며, 여유 있게 근무하는 사람이 된다.

철이 든다는 것은 나를 둘러싼 환경에 대해서, 나의 위치에 대해서, 내가 희망할 수 있는 일과 희망해서는 안 되는 일에 대해서, 내가 현재 해야 할 일에 대해서, 내가 앞으로 추구해야 할 계획에 대해서, 내가 해야 할 말과 하지 말아야 할 말에 대해서 깨달아 가는 과정이다.

세상이 내 주변을 돌고 있으나, 내가 어떤 행동을 하기 전까지 나를 위해 맞추어주는 것은 하나도 없다. 세상은 오히려 나를 밀어내려고 하는 것으로 가득 차 있고, 내가 지금 사라진다 하여도 눈 하나 깜짝하지 않을 것이다. 내가 가만히 있는 것은 세상이 나에 대해 바라는 것이며, 그들은 내가 점차 버려지고 있음을 깨닫지 못하고 세상에 순응하며 살기를 바란다. 이런 세상에 살기 위해 매 순간 용틀임을 하지 않을 수 없으며, 무언가를 하기 위해서는 그것을 쟁취하려는 각오와 노력을 하지 않을 수 없다.

삶에 대한 인식도 마찬가지다. 삶의 의미와 어떻게 사는 것이 옳은 길인가에 대해 끊임없이 생각하지 않는 한, 그 의미가 자연히 찾아오지는 않는다. 나이만 먹는다고 어른이 아니다. 어린 사람 앞에서는 경험으로 어느 정도 대충 때울 수 있지만, 내공 깊은 사람 앞에서는 자신의 수준을 숨길 수 없이 드러내게 마련이다. 자신의 인생에 대해 치열하게 생각하지 않는 한, 그 수준에서 벗어날 수 없다. 항상 자신을 살피고, 어떤 것이 맞는지를 살피고, 상대방을 살펴야 한다. 자신의 반응을 통제하여야 하며, 모두에게 득이 되는 방향을 순간적으로 선택할 수 있어야 한다. 멍청하게 사는 데도 세월이 공짜로 가져다주는 것은 없으며, 덕 있는 사람으로 인정받고 살려면, 보통 사람이 하지 않는 생각을 치열하게 해야 한다.

진리는 가까이 있으나, 그것을 잡으려고 노력하지 않기 때문에 잡히지 않는다. 진리를 멀리 있는 것처럼 생각하고, 남의 노력이나 먼 곳에서 찾으려 해서는 결코 찾을 수 없다. 진리는 항상 나의 주위에서 맴

돌고 있으니, 그것을 발견하면 된다. 다만 그 발견이 쉽지 않기 때문에 요원한 것처럼 느껴질 뿐이다. 해결점은 나에게 있으며, 생각을 통하여 도달할 수 있다. 해결할 사람은 나뿐이니, 내가 노력하지 않는다면 진리는 찾아오지 않는다.

자신을 알고 고치는 방법

세상의 모든 중심에는 '나'가 있고, '나'가 스스로 판단하고 결정하고 행동하여야 하는데, 나는 과연 나를 잘 알고 있으며, 나를 어떤 사람으로 평가하고 있을까? 내가 건전하고 올바른 판단을 할 수 있는 사람이고, 스스로를 믿을 수 있는 사람이며, 내가 사는 스타일대로 살 경우에 모범적이고 보람되며, 궁극적으로 진리와 행복에 도달할 수 있는 사람인가를 살펴야 한다. 모두 자신 있게 살지만, 세상에는 다양한 사람이 있고, 남을 불편하게 하는 사람도 있는 것을 보면 자신을 고쳐 개선하여야 할 사람이 분명히 존재한다. 큰 해는 아니라 하더라도 남에게 상습적으로 불편을 초래하는 사람도 역시 자기 자신의 스타일을 바꿔야 한다. 그러기 위해서는 먼저 자신이 어떤 사람인가를 알아야 하고, 그 반성을 통해 건전한 사람으로 변화되어야 한다.

한국 사람처럼 자존심이 강한 민족도 드물 것이다. 자기의 권위가 침해당했다고 생각되는 순간 한국 사람은 참을 수 없는 모욕감을 느끼며 반발한다. 길거리에서 쳐다봤다고 '왜 쳐다봐?' 하면서 폭행을 불사하는 불량배들, 별것도 아닌 평범한 말에도 '아파트 경비 한다고 무시하는 거냐?'라고 발끈하는 아파트 경비 아저씨, 일상 대화 중에도 말 트집을 잡아 반말한다고 대드는 젊은 친구들, 홧김에 방화도 불사하는 동네 아저씨들, 마을 회관에서 같이 지내다가도 무시당하거나 서운함이 있다고 해서 음료수에 농약을 타는 노인들. 이런 사람들은 자기 자존심에 거슬리면 그냥 넘어가지 못하는 사람들이다. 그보다 몇 배의 보복을 해야 직성이 풀리고, 자존심에 대한 상처가 아물어 마음의 평정을 되찾을 수 있는 사람들이다. 그 사람들은 그런 행동을 해서라도 풀어버리지 않으면, 마음의 분함을 지워버릴 수 없는 사람들이다.

이와 같은 과격한 행동으로 연결되지는 않더라도, 한국 사람들은 자기에 대한 사랑이 매우 강한 것 같다. 유교적 전통이 한국 사회에 널리 퍼져 있지만, 그 유교적 전통이 인(忍)이나 배려보다는, 자기 이익의 수호나 쟁탈에 몰두하며 어떻게든 상대방에 대한 자기 우위를 나타내는 데 우선 발현되는 것 같고, 이것이 한국 사람의 속성 중 하나인 것 같다. 따라서 어떠한 철학이나 종교가 들어오더라도, 스스로를 자제하는 미덕이 발휘되기 어려운 현상이 종종 나타난다.

반면, 어떤 행동들은 깊게 생각하지 않고, 자신의 의지 없이 남들이 하니까 따라서 추종하는 경우도 발생한다. 과거에는 쳐다보지도 않던 것도 유행이라고 하니까 좇아서 하는 경우라든가, 자기의 형편과 취향에 어울리지 않는데도 남들과 같아지기 위해 무리하는 경우도 많다. 이런 행동들은 의복, 음식, 취미, 여가 활동, 진로 등 종목을 가리지 않고 일어나게 되는데, 실로 거의 모든 분야에서 사람들의 결정에 영향을 미친다. 때로는 이렇게 하는 것이 편할 때도 있는데, 그것은 남들 하는 대로 따라 하면 보통은 되며, 주위 사람들로부터 크게 지탄받지 않을 수 있기 때문이기도 하다. 때로는 다른 사람들로부터 따돌림받지 않고, 같아지기 위해 별생각 없이 유행을 따라가는 경우도 있다.

사소한 부분에서 강한 자존심을 나타내거나, 별생각 없이 남의 유행을 추종하는 행위는 '나'에 대한 건전한 표현이라고 할 수 없다. 폭력적 행동이나 남을 추종하는 행동은 아니더라도, 일상생활의 많은 부분들이 자신의 의지에 의해 결정되어지는데, 이런 행동들이 과연 자기 자신의 옳은 판단하에 이루어지는 행동일까? 대부분의 사람들은 자신의 결정과 행동이 자기 의지에 의해 이루어진다고 생각할 것이며, 그런 행동이 다른 요소에 의해 억제되었을 때, 화가 날 것이고 인격이 침해되었다고 생각할 것이다. 그러나 그 결정이 과연 최선의 결정이었는지는 알 수 없다. 최선의 결정이었다고 생각하는 순간에도 자신도 통제할 수 없는 어떤 요소의 영향을 받았을 수 있거나, 내면의 쏠림 현상에 의해 영향을 받았을 수 있기 때문이다. 내면의 쏠림 현상도 자신의 결정이기 때문에 남을 탓할 수는 없겠으나, 순간의 결정이 오랜 세월 동안 영향을 미친다면, 그 대가가 너무 크다고 할 수밖에 없다. 순간적인 감정을 통제하지 못해 큰 실수를 저지를 수도 있는데, 이런 실수는 오랫동안 그 사람의 주홍글씨가 되어 낙인처럼 따라다닐 것이다. 때로는 어떤 것을 너무 선호한 나머지, 불리한 조건이 눈에 보이거나 경고되고 있음에도 불구하고, 그것을 무시하고 선택한

후 평생을 후회하는 경우도 발생할 수 있다. 이렇게 스스로 건전한 판단을 할 수 없는 경우가 발생하는데, 작거나 짧은 영향만을 미치는 것이라면 다행이겠으나, 배우자의 선택이나 부동산 투자와 같이 한 번의 결정이 평생을 좌우할 수 있는 것이라면, 신중을 기하지 않을 수 없다. 한국에서 고수익을 미끼로 사기당하는 사람이 많은 이유도, 충분한 고려를 하지 않고, 자기 결정에 의해 당하기 때문이다.

이런 현상을 방지하기 위해 생각할 수 있는 방법의 하나는 나 아닌 가상의 나를 만들어 놓고, 가상의 나가 자신을 바라볼 수 있게 하는 방법이다. 자신의 나는 주관적인 쏠림이 있는 사람이지만, 가상의 나는 객관적으로 자신을 바라볼 수 있는 사람이고, 주관적 나를 판단하고 평가할 수 있는 사람이다. 가상의 나는 주관적인 쏠림이 없기 때문에 항상 건전한 판단을 할 수 있는 사람이고, 나를 관조하는 사람이다. 가상의 나는 나의 속마음도 알고 있는 사람이기 때문에, 자신을 속일 수는 있지만 가상의 나를 속일 수는 없다. 가상의 나는 본인이 무엇 때문에 어떤 쪽으로 결정을 몰아가는지도 알고 있다. 가상의 나는 일이 되어지는 과정과 결말을 똑같은 비중으로 판단하지만, 자신의 나는 내가 하고 싶은 곳에 더 많은 비중을 두고 있기 때문에 판단이 왜곡될 수 있다.

중요한 결정을 앞두고 있거나, 마음의 갈등이 생기는 경우, 가상의 나에게 질문을 하고, 내가 어떤 사람인지 물어보는 것이 좋다. 이 경우 놀라운 발견을 하게 될 것인데, 나의 쏠림 현상 때문에 놓치고 있던 요소들이 부각되는 것을 느낄 수 있을 것이며, 자신이 얼마나 왜곡된 방향으로 움직이고 있었는지 알 수 있게 될 것이다. 이런 결정을 하기 전까지 무수히 많은 고려를 했고, 고민도 많이 했겠지만, 자신의 쏠림 현상이 여전히 남아 있었음도 알 수 있게 될 것이다. 때에 따라서는 필요한 정보조차 획득하여 알아보려 하지 않고, 자기에게 유리한 정보만을 토대로 결론을 유도하고 있음도 발견할 수 있을 것이다. 이러한 현상이 발생하기 때문에 독단적인 결정보다는 주변 사람들과 토의하는 것이 필요하지만, 자기 독단으로 결정하여야 할 때도 많다. 때로는 주변과 토의할 수 없을 경우도 발생하고, 주변 사람들이 별로 도움이 되지 않을 때도 많다. 이럴 때 가상의 나를 만들어 놓고, 나를 내려다보는 상태에서 판단해 보는 것은 많은 도움이 된다.

가상의 나가 있으면, 위선을 하지 못하게 하는 장점도 있다. 이 훈련이 되어 있으면, 나를 바라보는 나가 항상 있다는 생각 때문에 자신을 속이는 행동을 할 수 없을 것이다. 지휘관의 행동은 어항 속의 금붕어와 같다는 말이 있다. 지휘관은 자신이 지휘관이기 때문에 모든 행동을 자유롭게 할 수 있을 것 같지만, 사실은 주변에서 지휘관의 일거수일투족을 모두 관찰하고 있으므로 행동거지를 조심해야 한다는 말이다. 조직의 장이 직책을 이용해 저지른 비리가 들통나는 경우가 종종 보도되는데, 이러한 원리를 무시하고 생활했기 때문에 나타나는 결과다. 특히 요즘과 같이 인터넷이 발달한 시대에는 지휘자라 해서 마음대로 할 수 있는 것이 거의 없다고 해도 과언이 아닐 것이다. 이런 현상이 점점 깨끗한 사회를 만들어가는 것처럼 개인의 생활에서도 항상 자신을 바라보는 가상의 나가 있다는 점을 생각한다면, 자신을 속이는 행동이 억제될 수 있다.

남이 나를 보는 것같이 자신을 바라볼 때, 얼마나 유치한지, 부끄러운 행동을 하는지 알 수 있다. 우리는 인간이기 때문에 완벽할 수 없는데, 이런 방법을 통해 좀 더 완벽한 인간에 가까이 갈 수 있다. 안 되는 줄 알면서 되는 것처럼 행동했던 것, 이 정도는 괜찮겠지 하고 행동했던 것, 이것은 안 봤을 거야 하고 행동했던 것, 어른이니까 당연한 거야 하고 행동했던 것 등등 굳이 양심에 부끄러운 정도가 약하다 하더라도 꺼려졌던 일들을 식별할 수 있다. 조금이라도 자책이 된다면 후회가 되는 일이니, 애초에 이런 일들을 만들지 말고, 떳떳하게 세상을 살아가는 훈련이 될 수 있을 것이다.

결정하기 애매할 때는 스스로 평가서를 작성하여 보는 일도 대단히 도움이 된다. 예를 들어 중요한 결정을 앞두고 있어 이러지도 못하고 저러지도 못하는 애매한 상황에 처해 있을 때, 그리고 자기의 취향에 따라 어느 정도 급한 마음도 일어나고 있을 때 이러한 과정은 마음의 호란을 정리해 주는 효과가 있다. 이처럼 확신이 없는 상태에서 무언가에 떠밀려 결정하게 되는 경우도 많을 것이다. 완벽한 사람이나 일이란 없고, 맞추어 노력하다 보면 살아지는 것이라고 말할 수도 있겠지만, 그래도 결정의 순간에는 어느 정도의 확신을 가지고 결정하는 것이 필요하다.

처음 시도할 때는 전망이 좋은 것 같은데, 시간이 갈수록 항상 무언가 찝찝함이 남는 것 같은 상황이 있을 수 있다. 이럴 때, 스스로 평가서를 만들어 보면 자신도 모르는 놀라운 발견을 하게 될 것이다. 조건으로 갖추어야 할 요소들을 나열하고, 현재의 상황을 객관적으로 평가해 본다. 예를 들어 조건이 10개 정도 있다고 하면, 그 하나하나의 요소에 대해 현재 추진하고자 하는 일을 ○×△ 등으로 점수를 매겨 본다. 그러면 자기가 반신반의하던 부분에 대해 어쩔 수 없이 × 점수를 주는 부분이 나타나게 될 것이다. 자기는 거부하고 싶지만, 객관성을 유지하는 차원에서 어쩔 수 없이 부정적인 평가를 할 수밖에 없는 부분이 발생할 수 있다. 이와 같이 자기가 주관적으로 생각할 때의 점수와 객관적으로 평가했을 때의 점수가 다를 수 있다는 발견에 놀랄 것이다. 머릿속으로 생각하는 것과 손으로 ○×를 매기는 것이 다른 것이다. 결국은 객관적으로 미흡한 부분도 주관적으로 미화시키고 있었다는 것이다. 이러한 발견을 통한 성적표는 현재 자신이 생각하고 있던 성적표와 다를 수 있다. 자신의 생각보다 객관적인 성적표가 더 정확한 것이다. 전망이 좋다고 생각하고 있었는데, 성적표를 보니 나쁠 수도 있고, 썩 마음에 들지 않는데, 성적표는 좋게 나올 수도 있다. 전자는 객관적 인물 됨보다는 다른 것에 홀려서 계속하고 있는 것이고, 후자는 조건은 훌륭한데, 자신이 모자라서 따라가지 못한다고 볼 수 있다. 아무리 스스로 하는 평가라 하더라도, 평가에 있어서는 주관이 배제되고 객관적으로 점수를 매기게 되는 것을 발견할 수 있을 것이다. 사람들은 대부분 본인은 실력이 없더라도, 남을 평가할 때에는 최고의 기준을 적용한다. 그래서 자신의 잘못은 미화하려 하고, 남의 잘못은 신랄하게 비판할 수 있는 것이다. 본인은 경우 없이 살더라도 남 평가는 잘 할 수 있는 능력은 있다. 스스로 평가서를 작성해 보는 것은 이러한 차이를 이용하는 것이다. 이러한 과정을 통해 중요한 실수를 범할 수 있는 여지를 최소화시키고, 자신의 왜곡된 생각이 미래를 결정짓지 못하게 할 수 있다. 모호한 생각의 늪을 헤쳐 나갈 수 있는 길을 발견하는 계기가 될 것이다.

자신을 제대로 알기 위한 또 하나의 방법은 인격적으로 훌륭하다고 생각되는 사람에게 자신이 어떤가를 물어보는 방법이다. 사람들은 자존심이 있어서 웬만해서 자기 자신이 어떻게 비추어지는지 다른 사람에게 문의하지 않는다. 자신에 대해서 문의할 수 있는 사람은 인격 수준이 매우 높은 사람이지만 대부분의 경우 이러한 질문을 하지 않는다. 반면, 상대방도 웬만해서는 나의 단점에 대해 말하지 않는다. 말할 경우 상대방이 받아들일지의 여부도 의문이고, 오히려 반감을 가질지 걱정해야 하기 때문이다. 순간을 참고 넘어가는 것이 사회생활에서 더 매끄럽기 때문에 절대 상대방의 인격을 평가하지 않는다. 그러니, 자신의 성찰에 대해 관심이 있다면, 자신의 언행이 어떤지 훌륭하다고 생각되는 사람에게 문의하는 용기가 필요하다.

사람의 평가를 대놓고 이야기하는 경우는 거의 없다. 본인이 없는 경우, 제3자와는 인물평을 하겠지만, 본인의 면전에서는 절대 평가를 하지 않는다. 따라서 본인이 어떤 사람인지를 본인만 모를 수 있다. 그렇기 때문에 상대방이 나에 대해 가볍게 흘리면서 이야기하거나, 농담조로 하는 이야기를 놓치지 말아야 한다. 때로는 빗대어서 이야기하거나, 과거 이야기를 별 비중 없이 이야기할 때도 있다. 생각 있는 사람은 사람에 대한 직설적인 평가를 하지 않기 때문에 이런 식으로 상대방에게 알려줄 수 있다. 그런 코멘트를 놓치지 말아야 한다. 이것을 알아듣는 사람은 인격 개선에 도움이 될 것이며, 이것을 알아듣지 못하는 사람은 자신을 개선하지 못하고 해로운 존재로 남게 될 것이고, 자신도 모르게 서서히 이방인이 되어 갈 것이다.

한 사람보다 두 사람 이상으로부터 평가를 듣게 된다면, 그것은 더 확실하다. 상대방이 1인일 경우에는 그 사람의 의견일 뿐이라는 생각이 들 수 있기 때문에 받아들이는 비중이 다를 수 있다. 하지만 괜찮은 사람 2인 이상이 같은 의견을 제시할 경우, 그들의 말이 옳을 비중은 매우 높아진다. 즉 그 사람들이 하는 말은 꼭 시정해야 하는 수준일 가능성이 크다. 특별히 악감정이 없는 한, 사람들은 상대방에게 조언을 할 경우, 그 상대방을 도와주는 의미에서 상대방 편에서 이야기하기 때문에 그들의 말은 꼭 들어야 한다. 그들은 자기들이 하기 어려운 말을 해주는 것이기 때문에 고맙게 생각하고 그들의 의견을 따라 자기 자신을 변화시키려는 노력을 꼭 해야 한다. 그들은 오랜 시간 동안 마음속에 담아왔던 말을 하는 것이니만큼, 자기 자신을 발전시키기 위해서는 그들의 조언을 무조건 따르는 것이 현명하다.

인격적으로 훌륭한 사람을 찾기는 어렵지 않다. 사람은 누구나 본인은 그렇지 못하다 하더라도 남을 판단하는 식견이 있기 때문에 누가 어떤지는 본능적으로 잘 파악한다. 따라서 주위에 있는 사람 중, 나이의 고하를 막론하고 존경할 만한 사람이 있다면, 그 사람에게 자신에 대해서 문의하는 것이 좋다. 자신의 어떤 점을 문의해야 할 것인가는 그간의 상황을 통해 자신도 감지하고 있을 것이다. 자신도 애매하다고 생각되는 부분에 대해서 진솔하게 문의하면, 상대방도 감정을 상하지 않게 하면서도 진솔하게 답변해 줄 것이다.

위에 기술한 방법들은 자신을 알 수 있는 방법이다. 대부분의 사람들은 자기 외적 세상의 지식을 습득하기 위해 많은 시간과 노력을 투자하지만, 정작 자신을 알기 위한 노력은 별로 하지 않는다. 외적 지식을 많이 습득하고 견문을 넓히면 자연히 훌륭한 사람이 되는 것으로 알고 있지만, 당연히 그렇지는 않다. 최고의 교육을 받은 사람도 훌륭하지 못한 사람들이 많고, 입으로는 훌륭한 말을 청산유수처럼 하지만, 자신의 행동은 그 말을 따라가지 못하고, 인격의 바닥이 보이는 사람들도 적지 않다. 이런 사람들은 자신의 지식에 비해 스스로를 탐구하고 수정하려는 노력을 하지 않는 사람들이다.

우리는 스스로에 대해 자신감이 있기 때문에 남이 나에 대해 어떤 사항을 이야기할 때 기분 나쁠지 모르지만, 사실 본인이 본인을 잘 모르는 경우가 많다. 사소한 문제라면 별문제가 아니겠지만, 인생의 중요한 결정 과정에서 잘못된 보이지 않는 힘에 이끌려 결정을 내린다면, 대단한 실수가 아닐 수 없다. 따라서, 스스로 자신감을 유지하는 것은 필요하지만, 그와 동시에 자신이 실수할 수 있는 부분은 없는지 항상 자신을 살피는 것도 중요하다. 자신이 어떤 사람인가를 아는 것은 대단히 중요하기 때문에, 자신을 살피려는 노력을 항상 하고 있어야 하며, 깨어 있어야 한다. 깨어 있는 것이 결국 자신에게 도움이 된다.

그러나 의외로 자신을 알려고 노력하는 사람이 많지 않다. 아는 것과 행동하는 것 사이에 커다란 장애물이 있다는 것도 알지 못하고, 자신이 어떤 사람인지 파악하고 어떤 면을 수정해야 하는지 알려고도 하지 않는 사람들이 많다. 사람들은 그냥 자신이 태어난 그대로의 본성을 유지한 채, 본성이 시키는 대로 살아가는 경우가 대부분이다. 어릴 때에는 가정이나 학교를 통해 인격 단련을 할 수 있으나, 성인이 되어서는 아무도 인격에 대해 이야기하지 않으니, 자신에 대한 성찰을 멈춘 채 세상에 돋보이려고 애쓴다. 사회적으로 고위층에 도달한 사람들도 이러하니, 그러한 조건이 되지 않는 사람들은 더할 것이다. 그러니 자기의 성정을 참지 못하고, 사회의 암적 존재가 되거나, 불편을 끼치는 존재로 남거나, 피하고 싶은 존재가 되는 것이다. 생긴 대로 그렇게 살아가는 것은 결국 자기 자신이 최대 피해자가 되는 결과를 만든다. 잘못된 결정을 해서 피해를 보고, 주변 사람들을 떠나가게 해서 피해를 본다. 내가 생각하고, 말하고, 행동하여 결국 내가 최대의 피해자가 되는 결과를 초래하는 것은 막아야 되지 않을까 한다. 누워서 침 뱉는 식의 행동은 하지 말자.

좋은 말을 듣거나, 견문이 넓어진 것은 나를 비추어 비교해 볼 수 있는 기준을 만드는 것이다. 더 중요한 것은 그렇게 수준이 높아진 기준에 나를 비추는 작업을 해야 하는 것이다. 그 작업이 자기 성찰의 작업이고, 자기 행동을 수정하는 작업이며, 그 작업의 주체는 자기 자신이다. 우리가 지식을 쌓는 것은 나의 가치를 높게 하기 위한 것인데, 지식만 쌓아놓고 나의 가치를 높게 하는 노력은 잘하지 않는다. 외부 지식을 쌓기 위해서는 많은 노력을 하나, 그것을 자기 것으로 만드는 노력은 거의 하지 않는다. 그래서 변화되지는 않고, 아는 것만 많아진 사람으로 남게 된다. 어느 정도의 지식을 습득하였다면, 아무것도 하지 말고 그것에 나를 비추어 보는 작업을 하자. 길을 걷든, 대중교통을 이용하든, 등산을 하든 외부 지식을 습득하지 못하는 동작을 할 때 지식을 반추하는 작업을 해야 한다. 현대인은 지식을 너무 많이 습득해서 탈이다. 이제는 핸드폰이 있으니, 이동 간이나 심지어는 화장실에서도 핸드폰만 보기 때문에 자기 성찰을 할 기회가 없다. 잠시라도 그냥 있으면 허전함을 견딜 수 없으니, 핸드폰이라도 봐야 한다. 정신적 수준을 고양시킬 기회가 점점 희박해지고 있는 것이다.

사람이 쌓고 있는 인격의 벽은 높고도 두꺼우며, 견고하여 좀처럼 허물어지기 힘들다. 특히 나이가 좀 든 사람이라면 이 벽은 너무나 견고하다. 그래서 사람은 고쳐 쓰기 힘들다고 하는 말이 생기기도 했을 것이다. 자신은 인격적으로 아무 문제가 없다고 생각하는 사람도 이 벽 안에서만 그렇게 생각할 뿐이다. 다른 사람들은 그 벽을 느끼는데, 자신만 느끼지 못한다. 일반적으로 괜찮다고 평가되는 사람도 이런 벽을 한두 개는 가지고 있으니, 정말 아이러니하다. 그것을 알 수 있을 정도로 암시를 줘도 자기 나름대로 생각하기 때문에 진정성 있게 받아들이지 않는다. 오히려 자기의 기준으로 남을 평가하려고 한다. 변화시키려 노력하고 또 노력해도 되지 않으니 안타까운 일이 아닐 수 없다. 인생길을 같이 동행하려면 이런 벽이 없어야 하는데, 견고하기가 이루 말할 수 없다.

그래서 사람은 유연해야 한다. 자신의 생각이 틀릴 수도 있다는 가능성을 항상 염두에 두고 살아야 한다. 유연해야 자신을 돌아볼 생각도 할 수 있고, 앞에 기술한 바와 같은 자신을 알고 고치는 방법도 생각해 볼 수 있다. 자신은 마음에 들지 않더라도, 생각 있는 사람이 자신에 대해 조언하면, 최소한 그것을 기억이라도 하도록 노력하자. 경험한 바에 의하면, 견고한 벽을 가지고 있는 사람은 그러한 조언조차 마음에 담아두지 않는다. 애초부터 그런 조언에 귀 기울일 마음이 없기 때문에 변화하려는 생각도, 기억하려는 노력도 하지 않는다. 그야말로 쇠귀에 경 읽기가 되어버리는 것이다. 나를 아는 것은 내가 유연할 수 있는 사람인가를 아는 것부터 시작해야 한다. 내 마음속에 나도 모르게 사람을 멀어지게 하는 콘크리트와 가시 담장을 쌓고 있지는 않은지 그것부터 살펴보자. 그것부터 허물어 낼 수 있는 마음의 준비가 있어야 한다. 변화할 수 없다면, 아무리 노력해도 변화되지 않는다.

위선 없애기

자기 수양을 위해서 위선을 없애는 일은 최우선적으로 해야 할 일이다. 위선을 없애는 것은 농작물을 심기 위한 토양을 만들듯이, 모든 것을 이루기 위한 터전을 만드는 일이다. 위선을 없애는 것은 마음밭을 깨끗하게 하는 일이며, 마음밭이 깨끗해야 경작되는 과정들을 받아들일 수 있다. 이 밭이 뒤죽박죽되거나 불순물이 섞여 있거나 겉만 번지르르하게 되어 있다면 농작물을 심어도 제대로 자랄 수 없다. 마음이 순수해야 사물을 제대로 바라볼 수 있으며, 이치를 발견하고, 제대로 된 것과 그렇지 못한 것을 판단하며, 좋은 것을 지속적으로 발전시키려는 노력을 할 수 있다. 마음이 건전하지 못하면 사물을 제대로 볼 수 없을 뿐 아니라, 판단력도 흐려져서 잘못된 것을 잘못인 줄 모르거나 혼동할 수 있다. 그러면 무엇이 무엇인지도 모르고, 어떤 것을 기준으로 자신의 사고나 행동을 발전시켜야 할지 알 수 없게 된다. 깨달음을 위해서는 아는 것뿐 아니라, 지속적으로 실천하는 훈련도 중요한데, 우선 어떤 것이 좋은 방향인지를 알 수 없게 되는 것이다. 자신의 마음을 순수하게 만드는 것 그것은 바로 자기의 위선을 제거하는 것이다.

많은 사람들이 남들에게 잘 보이거나 멋있게 보이고 싶어 한다. 남들에게 뒤지지 않게 보이고 싶고, 무시당하지 않고 싶고, 자신의 커리어를 그럴듯하게 만들어 자신을 포장하려고 한다. 겸손하면 모자라는 것 같고, 솔직하면 바보같이 여겨지는 것 같아서 말도 많고, 목소리도 크다. 현재는 보잘것없으면서도 미래에 대해 찬란하게 이야기한다. 이런 사람들은 자신의 잘못이나 치부에 대해서는 가볍게 생각하며, 함구하거나 속인다.

이런 사람들은 도(道)나 덕(德)과 같은 가치와는 거리가 멀다. 이런 사람들은 눈앞의 이익 쟁취에 관심이 더 있으며, 자기 이익의 달성이 최우선 목표다. 순간순간을 잘 넘기면 최선이라고 생각하는 사람들은 모든 가치를, 달면 삼키고 쓰면 뱉는 정도로 가볍게 여길 뿐이다. 옳은 가치를 고수하고, 그것을 견지하며, 지탱하려는 노력을 하기도 싫어할 뿐 아니라, 할 수도 없다. 당장 보이는 눈앞의 이익에 방해되면 망설이지 않고 버린다. 옳은 것이 무엇인지 모르는 것은 아니다. 배운 것은 있어서 어떤 것이 옳은 것인 줄 알며, 자기 입으로도 옳은 것을 옳다고 말한다. 그러나 이 말은 그저 바람에 날려버릴 수 있는 가벼운 것일 뿐이다. 남아일언중천금(男兒一言重千金)과 같은 무게감은 없다. 그래서 이말 저말 한다. 순간을 모면하거나 자기를 포장할 수 있으면 거짓말도 서슴지 않고 한다.

그렇게 거짓말을 일삼지는 않더라도, 소위 우등생이라고 할 수 있는 청소년기를 보낸 사람 중에서 위선으로 가득 차 있는 사람들이 많다.

공부 잘하면 모든 면에서 칭찬받는 한국 사회에서, 공부도 잘하고 우수한 학창 시절을 보냈기 때문에 자신은 모든 면에서 우수해야 하고, 그렇게 대접받아야 한다는 생각을 할 수 있다. 이런 사람은 성장하면서 좋은 성적으로 좋은 학교, 직장을 가게 되고, 소위 출세를 할 수 있다. 그러나 성적은 사회생활의 전부가 될 수 없으며, 사회생활에 필요한 여러 능력 중 하나일 뿐이다. 때로는 성적 아닌 다른 요소들이 사회생활의 성패에 더 큰 영향을 미치기도 한다. 사회에서는 수학 문제 하나를 더 풀 수 있는 능력보다는 성격이나 가치관, 성실도, 끈기, 충성심 등과 같은 요소들이 더 크게 작용한다. 그 때문에 학창 시절의 우등생이 사회생활의 우등생으로 직결되지는 않는다. 때때로 성적이 아닌 다른 요소가 결정적 요소로 작용할 때도 있다. 사회생활과 학교생활은 다른 것이어서 학교 때와 같이 항상 대우받지 못하고, 더러는 지적을 받기도 할 것이다. 같이 일하는 사람 대부분도 그와 같은 엘리트 출신들이고, 자기보다 능력이 뛰어난 사람도 있을 것이다. 그들은 학교에서와 같이 그를 대우하지 않는다. 이들과 부딪히는 가운데, 스스로 생각해 오던 자신의 이미지와 사회에서의 이미지 간에 충돌 현상이 일어날 수 있다. 자신의 능력 부족, 실수, 열등감 등이 발생하게 되고, 이런 느낌은 성장 과정에서 겪어 보지 못하던 일이라 스스로 인정하기 어렵다. 때로는 자기의 생각이 틀린 경우도 발생할 수 있고, 자기의 우월적 지위를 보장받지 못해 시기심이 생길 수도 있다. 별것도 아닌 것같이 생각되던 사람이 오히려 더 대우를 받는 것에 반감이 생길 수도 있다. 이러한 일을 참고 지내야 하는 것이 마음에 들지 않고 힘들지만, 어쩔 수 없이 생활하자니 마음에 응어리가 쌓인다. 인정할 수 없고, 감추고 싶은 현상이다. 자기 잘못을 인정하는 일이란 과거에는 있을 수 없는 일이었고, 앞으로 일어나서도 안 될 일이다. 자기가 차별적 대우를 받고 있다는 것을 인정할 수 없다. 그래서 자기 자신을 그렇지 않은 사람처럼 포장하려고 한다. 스스로는 그렇지 않은 사람처럼 생각하고, 그렇게 행동한다. 남들의 인정 여부와 관계없이 과거의 대우 받았던 나처럼 여기려고 한다. 위선이 일어나는 것이다.

이렇게 인생이 형성된 사람들은 그것이 위선인지도 모르고 생활한다. 현실에 적응해 가는 과정에서 생긴 행동양식이기 때문에 비교적 자연스럽게 그런 것이 몸에 밴다. 그런 행동이 다른 사람에게 친화적인 느낌을 주지 않고, 개밥의 도토리나 미운 오리 새끼 취급을 당하는 데도 자신은 그것을 모른다. 자신은 항상 똑똑하다는 이미지 속에서 사는 것이 그에게는 더 자연스럽기 때문이다. 살아가면서 가끔씩 자신의 치부가 드러나는 일이 발생해도 그는 그것을 매우 빨리 기억에서 지운다. 대수롭지 않은 일이라거나, 자신의 이미지에 타격을 주지 않는 일이라거나, 타인에게 영향을 미치는 일은 아닐 것이라는 생각을 하면서 흔적을 지운다.

자신이 인정하기 어려운 부분도 인정하듯 침묵으로 넘어가는 것도 위선이다. 침묵하고 있으면 암묵적 동의로 여겨지며 결과적으로는 동의와 같은 효력을 지니기 때문이다. 자신은 명시적으로 동의하지 않았다고 회피할 여지를 만들어 놓지만, 결국은 동의와 같은 효과를 방조하는 것이다. 자신의 이익과 관련된 경우에는 이런 현상이 일어나지 않을 것이다. 상대방과의 계약에 관련된 일이기 때문에 인정할 수 없으면서도 인정하는 듯한 태도를 취하면 곧 문제가 생기기 때문이다. 상대방에게 피해를 주거나 자기가 피해를 받거나 하는 현상이 생기기 때문에 이렇게 모호한 태도를 유지할 수 없다.

비슷한 이유로 지키기 어려운 과제의 실천이 미덕이라고 대중에게 공언하면서, 자신은 속물적인 세상을 떠나 성스러운 편에 있는 것처럼 말하는 것도 일종의 위선이라고 할 수 있다. 예를 들면 무소유나 버리는 삶을 강조하는 것도 위선적이라고 할 수 있다. 이 세상을 살려면 일정 수준의 재산이 필요하다는 것을 누구도 인정해야 하기 때문이다. 종교에서는 자신의 언행이 특정인에게 뚜렷하고 즉각적인 피해를 주지 않기 때문에, 모호한 태도를 유지하거나 확신하지 않으면서도 확신한다는 공언이 가능하다. 뚜렷한 대상이 없는 허공에 대한 기원이거나 약속이며, 대중이라는 불특정 다수에 대한 선언이기 때문이다. 모두가 선한 마음으로 모인 신도들인 것 같고, 처벌이 뒤따르지 않기 때문에 공수표를 남발하면서도 죄의식도 없다. 종교에서의 이러한 무책임한 행태는 점점 경쟁적이 되어 과도한 믿음의 표현으로 발전한다. 그러면 신앙심이 좋다는 평가로 이어지고, 성직자들로부터 믿음 좋은 사람으로 여겨진다. 성직자들도 마찬가지다. 그들은 과연 그들이 리드하는 종교에 대해 믿음이 있을까? 그들은 자신이 섬기는 종교에 대해 확실한 믿음을 말하지만, 과연 그들이 진정으로 그것을 믿는지는 의문이다. 원시시대와 같으면 모르겠으나, 일정 수준의 현대적 교육을 받은 사람으로서 그것을 믿는다는 것이 가능한지 의문이다. 종교에서 말하는 비현실적인 사실들을 믿기 힘들지만, 자신이 그 종교에 투신했기 때문에 믿기로 했다(commitment)라고 말하는 어떤 성직자의 표현이 훨씬 솔직한 표현이라고 할 수 있다. 자신은 확신하지 못하면서 믿는 체하는 것은 위선이다. 마음은 혼란스럽고 믿을 수 없으나, 직업이나 관행, 그리고 조직의 분위기 때문에 의심스러운 부분에 대해 서로 함구하면서 열심히 종교 생활을 하는 것이 행복할 수 있을까? 그것은 어떤 면에서는 자기를 속이는 것이다. 다른 사람은 몰라도 자기는 알고 있다. 이런 사람들은 어느 순간, 자신의 상식과 교육받은 내용에 기초한 사고를 정지시킨다. 모르는 내용들에 대해서 탐구하려고 하지 않고, 종교에 매달리는 선한 마음이 오염되지 않기 위해 의심의 눈길을 거두어 버리고, 여러 경로를 통해 들어오는 새로운 정보를 차단해 버리고 만다. 성직자들은 신도들이 많이 아는 것을 좋아할 리 없는데, 그것이 종교를 약화시키는 결과로 이어지기 때문이다. 이러한 현상들은 이미 중세부터 있었으니, 일반 신도들이 성경을 읽지 못하게 하거나, 가르치고 싶은 내용만 그림으로 그려놓은 스테인드글라스가 탄생한 것이 바로 이러한 이유에서다.

종교의 교리를 믿는다고 확신하는 순간 많은 것이 달라진다. 믿는다고 선언하는 순간 종교에서 요구하는 모든 것들을 실행해야 하며, 의심이나 탐구할 수 없고, 오로지 신앙을 강화하는 방향으로만 연구할 수 있다. 그뿐만 아니라 종교에서 말하는 모든 비현실적인 것도 신앙의 마음으로 받아들이고 추종해야 한다. 사이비 종교에서 놀랄 만한 일이 종종 벌어지는 것도 이런 현상이 초래한 결과다. 정상인이 보기에는 말도 안 되는 현상에 많은 사람들이 열성적으로 매달리고 오히려 그것을 옹호하는 현상이 발생하는 것이다. 그러나 이런 신도들은 위선자들이 아니다. 그들은 실제로 믿고 그대로 행하는 것이다. 다만 믿는 것이 잘못되었다는 것을 깨닫지 못할 뿐이다.

사람들은 자신이 확실하지 못한 가운데에서도 여러 가지 행동을 한다. 관습적으로 혹은 남들이 하니까 따라서 행동하는 경우가 많다. 우리가 성인이 되었다 하더라도 이러한 행동패턴은 종종 볼 수 있다. 그러면서 작은 것에서부터 자신을 속이는 행동을 자신도 모르게 하게 된다. 비록 작은 것이나마 자신이 위선적인 언행을 하고 있다는 것을 발견할 수 있는 방법은 일기를 쓰는 일이다. 하루 중 자신이 스스로를 속이는 일을 했거나, 거짓말을 했거나, 부당한 이익에 눈 감았거나, 큰 잘못은 아니라 하더라도 반성해야 할 일을 했을 경우, 이를 일기에 고백해 보는 것이다. 일기는 남에게 보이는 것이 아니라 자기 자신만 보는 것이기 때문에, 나의 이미지 손상을 걱정할 필요가 없다. 자기가 잘한 것은 아무리 부풀려도 상관없고, 자기가 잘못한 것을 고백해도 질타할 사람도 없다. 오로지 개인적인 것이며, 일기를 덮으면 그것으로 자신의 위선은 덮어진다. 아무 걱정할 필요가 없다.

그런데 놀라운 것은, 이렇게 자기 자신에게만 한정된 일기임에도 불구하고, 사소한 위선을 고백하는 것이 무척 힘들다는 것이다. 아무리 사소한 것일지라도 그것을 고백하는 글이 매우 뻑뻑하여 잘 나가지 않는다는 것을 발견할 수 있을 것이다. 자신에게만 고백하는 것임에도 불구하고 그것이 그렇게 어렵다는 것을 발견하고 놀랄 것이다.

그것이 어려운 이유는 비록 스스로라 하더라도 자기 잘못을 인정하기 힘들기 때문이다. 자신은 흠집 없이 완벽히 우수해야 하는 사람인데, 스스로 잘못을 인정하기 어려운 것이다. 처음에는 스스로의 고백을 완수하지 못하고 일기를 덮을 수 있다. 자신의 험담을 글로 적기 힘들기 때문에 끝까지 완성하지 못할 수 있다. 일기에 제대로 고백하지 못하고 도중에 그만둔 사실은, 그다음 날도 자신을 괴롭힐 것이다. 처음에는 매우 의아할 것이고, 약간 화가 날 수도 있다. 그깟 일기가 무엇이라고 가벼운 잘못에 대한 시인도 하지 못하는지, 스스로 그렇게 위선적인 사람이었는지 등 혼자만의 싸움을 할 수 있을 것이다.

이런 갈등을 극복하고 다음에 똑같은 시도를 한다면, 최초보다는 좀 더 쉬운 느낌을 받을 수 있다. 이건 결국 나만이 볼 수 있는 일기이기 때문에 내가 여기에 고백한다고 해도 남들은 알 수 없을 것이다. 일기가 아닌 다른 곳에서는 여전히 내가 생각하는 이미지에 손상이 없으니, 일기에서 솔직해진다 하더라도 아무런 차이가 없다. 이렇게 자기와 타협이 이루어질 수 있다. 사실 달라지는 것은 아무것도 없기 때문에 글로 써놓았다 하더라도 덮어버리면 그만인 것이다. 그런 과정을 통해 서서히 자기 고백을 할 수 있을 것이다. 이러한 자기 고백을 통해 자신에 대한 성찰이 이루어진다. 자기의 가치관에 대해 살펴보게 되고, 그것에 의한 판단이 옳은지의 여부도 평가하게 될 것이다. 잘못된 행동을 했다면, 그 행동에 대한 원인도 분석하고, 좀 더 참거나 다른 방법으로 해소할 수는 없었는지도 생각해 볼 수 있다. 잘못을 고백하지 않아도 될 수 있는 방법을 찾을 수 있을 것이다. 이런 과정을 통해 스스로에게 관대했던 과거를 청산하고 건전한 판단력을 되살릴 수 있다. 많은 사람들이 남들에게는 날카로운 비판의 칼날을 들이대면서 자신에게는 무척이나 관대하고, 이해심이 많다. 그렇기 때문에 내로남불 현상이 발생하는 것이다. 자기 자신에 대한 판단력이 되살아난다는 것은 멀기는 하지만 자신의 마음밭이 깨끗해지고 있다는 증거다. 잘못을 잘못이라고 인정해야 그다음을 기대할 수 있다. 그 근저에는 스스로에 대한 판단력이 있는 것이다.

이렇게 하루하루 지나고 보면 마음이 정화되고, 비록 일기에서나마 자신의 잘못을 고백하면서 위선을 해소할 수 있고, 보다 깨끗해진 내가 되었음을 느낄 수 있다. 사실 잘못한 일에 대한 고백은 현실을 현실 그대로 인정하는 것일 뿐 아무런 가감도 없는 일이며, 벌어진 일이 순수한 상태 그대로 있는 것이다. 잘못을 했지만, 같은 잘못을 반복하지 않게 되고, 솔직하게 세상을 대할 수 있게 될 것이다. 아직 멀었지만 자기가 인식하는 한 잘못된 언행을 반복하지 않을 수 있다.

그렇게 스스로를 정화시키면서 세상을 살다 보면, 어느 순간, 일기 속이 아닌 일상생활에서 만나는 다른 사람에게 나의 잘못을 인정하는 것도 아무것도 아닌 것 같은 시기가 찾아올 것이다. 나의 잘못을 감추려고 하기보다는 차라리 잘못했다고 인정하는 것이 더 편한 시기가 올 것이다. 자기를 포장하려고 하는 노력이 오히려 거추장스럽고 위선적인 행동이라 여겨지는 시기가 올 것이다. 자기의 이미지를 위해 변명하거나 속이는 언행을 하기보다는 차라리 솔직하게 대하는 것이 더 좋은 이미지 형성이라고 생각하게 될 것이다. 자기 이미지가 추락

하는 것이 아니라 잘못을 시인하는 것이 더 고급스러운 인격의 소유자가 되는 길이라는 것을 느낄 것이다.

이런 변화를 겪고 나면 사람이 소탈해진다. 자신을 덮고 있던 거추장스러운 껍질들을 벗어던지고 보다 순수해진 발걸음으로 세상에 나갈 수 있게 된다. 세상에 대해 더 솔직해지게 될 것이며, 가식적인 자신이 아니라 좀 더 자연적인 자신이 된 것 같은 기분이 들게 된다. 있는 그대로의 자신을 보여주어도 아무 문제가 없고, 자신의 이미지에 대해 신경 쓸 필요가 없다. 잘못한 것은 고치면 되고, 남들이 잘하는 것을 보면 배우면 된다. 훌륭한 사람을 보면 칭찬해 주면 그만이고, 시기할 필요는 없다. 이런 생각이 들면 세상이 좀 다르게 보일 것이다. 이런 경지가 느껴진다면, 아직은 모르는 것이 많지만, 깨닫기만 하면 자기 것으로 만들 수 있는 준비가 된 것이다. 자기 잘못을 고백하고, 위선을 탈피하는 노력과 경험을 했기 때문에, 그다음 단계로 깨달아지는 것도 습득하고 훈련하여 자기 것으로 만들 수 있다. 마음이 깨끗하여 도(道)를 받아들일 준비가 된 것이다.

과거 잘못에 대한 반성

위선을 없앨 수 있게 되었다는 것은 자신의 인격을 보다 더 나은 단계로 발전시킬 수 있는 준비가 된 것이라고 볼 수 있다. 사람이 평가되는 것은 그 사람의 말과 행동에서 비롯된다. 사람의 생각이 말과 행동으로 표출되기 전까지는 그 사람이 어떤 사람인지, 내가 어떤 사람인지 잘 모른다. 독불장군 같은 행동을 하지 않는 한, 사람들은 서로 멀찍이 떨어진 관계를 유지하면서 상호 예의를 지켜가며 생활하기 때문에 한 개인의 인격에 대해 알 수 없다. 깨끗한 마음을 지닐 수 있도록 변화되었다 하더라도, 그가 순수하다 하더라도, 남에게 피해를 주는 말과 행동을 한다면, 좋은 인격의 소유자라는 평가를 받을 수 없다.

내가 순수해졌다는 것과 나로부터 나오는 말과 행동이 고급스러워졌다는 것은 전혀 다른 말이다. 대부분 사람들은 내가 어느 정도 알게 되었고 깨달음에 도달하였다면, 당연히 자기의 말과 행동이 고급화되었다고 착각하게 되는데, 이러한 착각은, 알게 된 것과 나로부터 나오는 것에는 상당한 거리가 있고, 여러 작용들이 수반되어야 한다는 것을 깨닫지 못한 결과이다. 들어서 알게 된 지식이 고급이라고 해서, 자신으로부터 나오는 말과 행동이 당연히 고급화되지 않는다. 자신의 말과 행동이 고급화되기 위해서는 머리로 아는 것이 아니라, 자신의 습성이 변화되어야 하는 것인데, 이것은 새로운 지식과 경지를 머리로 느꼈다고 해서 얻어지는 것이 아니다. 만약 들어서 알게 된 것이 곧장 행동으로 연결된다면, 이 사회는 벌써 아름다운 사회로 변화되었을 것이고, 우리 사회에 문젯거리는 일찌감치 없어졌을 것이다. 나의 말과 행동은 과거의 나의 행태를 그대로 반영하는 것이고, 상대방을 대했을 때 여러 가지를 생각할 겨를 없이 즉각적으로 나타나는 반응이다. 기존의 나의 생각과 새로운 지식들을 비교해서 '나는 이렇게 하고 싶은데, 생각해 보니까 이건 아니야'라고 생각을 할 겨를이 없다. 사소한 반응에서부터 중요한 반응에 이르기까지 사람의 생각은 기존의 관행을 그대로 반영하기 때문에 정말로 심사숙고하기 전에는 과거의 나로부터 탈피된 반응을 하기 어렵다. 따라서 인격의 변화에는 아는 것도 중요하지만 그것을 구현할 수 있는 훈련이 더 중요하다. 보통 사람들은 이런 훈련을 하지 않기 때문에 자신을 변화시키지 못하는 것이다. 아는 것은 좋은 말을 접하거나 또는 타인의 조언으로부터 습득할 수 있다. 그러나 그렇게 습득된 말을 자신의 것으로 받아들이고 유사한 실수를 반복하지 않기 위해서는 많은 훈련을 필요로 한다. 요즘 우리가 원하지 않더라도 시시각각으로 날아드는 '좋은 생각'류의 글 속에는 그것을 실천하기에는 매우 어려운 말들이 많다. 좋은 말이지만 실천하기는 어려운 말들이 하루에도 몇 통씩 핸드폰을 울린다.

읽으면 고개를 끄덕이고, 때로는 감탄도 하지만, 대부분 그것을 읽고 그친다. 그 글에 있는 말들을 실천하려면 어떤 어려운 점들이 있을까 하는 생각조차 하지 않고, 좋은 글 차원에서 멈추어 버린다. 아는 것과 실천하는 것이 그만큼 어렵기 때문에 자신을 변화시키려면 훈련을 해야 한다. 지속적인 훈련을 하다 보면, 일기를 쓰면서 변화된 것 같은 변화를 느낄 수 있을 것이다. 그런 경지를 느껴야 진정 변화되는 것이다. 이런 훈련을 반복하다 보면, 더 이상 자신의 언행을 조심해야 할 필요를 느끼지 못하는 단계에 도달하게 되는데, 그때 비로소 걱정 없는 원만한 대인관계가 가능하다는 것을 느낄 것이다.

사람들에게는 누구에게나 부끄러운 과거가 있다. 부끄러운 과거이기 때문에 숨기고 싶을 것이며, 본인 스스로도 다시 상기하고 싶지 않을 것이다. 그러나 본인은 알 수 있다. 그것은 말일 수도 있고, 행동일 수도 있다. 훈련의 한 방법은 부끄러운 과거를 불러내어 자기만의 원인을 분석하고 비판해 보는 일이다.

이것은 일기를 쓰는 것과 같은 효과를 낼 수 있을 것이다. 일기가 일상적인 소소한 생활에 대한 반성이라면, 과거 잘못에 대한 반성은 기억에 남을 만한 큰 잘못에 대한 반성으로서 비중이 보다 큰 사건이라고 할 수 있겠다. 과거의 잘못을 들추어내는 것은 고백의 단계를 넘어서서 자신이 한 말과 행동을 비판하는 것이다. 어떤 상황에서 그렇게 했는지, 그렇게 말한 이유가 무엇이었는지, 어떤 마음으로 그런 말을 했는지, 어떤 톤으로 그런 말을 했는지, 그때 그 말을 들은 상대가 누구였는지, 자기가 한 말이 옳은 말이었는지, 상대들이 어떤 생각을 했을 것인지, 그 말을 하고 났을 때 본인 생각과 느낌은 어떠했는지, 그 것이 부끄러운 이유가 무엇인지, 꼭 그 말을 해야 했다면 다른 말로 표현할 수는 없었는지 등의 분석을 해보는 일이다. 행동으로 다른 사람에게 부끄러운 일을 했다면 말로 했던 것보다 훨씬 더 여파가 클 수 있다.

나이가 어려서 인간관계를 잘 모르기 때문에 그랬을 수도 있고, 자기 생각을 관철하고자 하는 의지가 너무 강해서일 수도 있다. 상대방을 무시하는 느낌이 있어서 그랬을 수도 있고, 본인의 참을성 부족으로 말을 멈출 수 없어서일 수도 있다. 자기가 알고 있는 지식이 전부인 것 같은 착각으로 그런 말을 했을 수도 있으며, 자신을 자랑하고 싶은 마음이 앞서서일 수도 있다. 이유야 어떻든 간에 이런 방식으로 분석하다 보면, 그 사건이 왜 지금까지 부끄러운 기억으로 남아있는지를 알 수 있을 것이다.

과거는 과거로 남는다. 돌이킬 수 없다. 상대방에게는 이미 상처를 주었고, 그것을 계기로 나쁜 평가를 내리고 있을 것이다. 그것을 부정하면 안 되고, 냉정하게 받아들여야 한다. 다만 그 사건을 교훈으로 삼으면 된다. 그리고 앞으로 부끄러운 일로 기억에 남을 만한 일을 하지 않으면 되는 것이고, 그런 일을 했을 때, 마음의 부담으로 오래 남아 자신을 괴롭힌다는 교훈을 얻으면 된다. 부끄러운 일을 부끄럽다 생각하지 않으면, 그는 앞으로도 그런 실수를 반복하게 될 것이며, 상대방에게 지속적으로 상처를 줄 것이다. 반성이 없는 사람은 개선의 가능성이 없다.

할 수 있다면, 상대방에게 사과하는 것이 좋다. 과거의 잘못을 돌이켜 보고, 반성하는 일도 용기가 필요한 일이며, 상대방에게 사과하는 것은 더 용기가 필요한 일이다. 이렇듯 자신의 성찰에는 용기가 필요하다. 즉 깨달음에도 용기가 필요한 것이다. 상대방에 대한 사과는 상대방으로부터 용서를 구하는 일이며, 자신을 상대방에게 낮추는 일이다. 솔직한 고백은 상대방에게 굴욕을 자처하는 용기 있는 행동이며, 그 순간 상대방을 한없이 높여주는 일이다. 사과가 흔한 말 같지만, 사실은 대단히 용기 있는 일이며, 그렇게 하기까지 당사자의 고뇌가 수반되어야만 이루어질 수 있는 일이다.

한편, 사과는 상대방에게 본인을 다시 보게 하는 계기가 될 것이다. 진솔한 사과가 힘들기 때문이다. 상대방은 본인을 다시 보지 않겠다고 결심했을 수도 있고, 다른 사람에게 험담할 수도 있는데, 사과를 함으로써 이런 상대방의 마음을 돌릴 수 있다. 돌리는 것이 아니라, 상대방이 당신을 다시 평가하게 하는 계기가 될 것이며, 있었던 일을 실수라고 생각하게 될 것이다. 진정한 사과를 하는 사람을 오히려 높이 평가할 것이며, 이를 계기로 더욱 돈독한 관계로 발전할 수 있다.

진정한 사과를 하고 나면, 실수했다는 사실이 없어지지는 않지만, 두고두고 마음에 부담으로 남지는 않을 것이며, 마음의 업으로 남아 자신을 괴롭히거나 자책하지 않게 될 것이다. 그냥 쿨하게 사람이 실수 할 수 있지, 다음에 같은 실수를 하지 않으면 되잖아 하고 넘길 수 있게 될 것이다. 마치 피부에 났던 상처가 빨리 치료되듯이 가볍게 넘어가게 될 것이며 면죄부를 받은 것 같은 느낌을 느낄 수 있을 것이다.

그렇게 해서 부담의 기억을 지워버리는 것이 낫지, 자존심을 세우거나 자신의 실수라고 인정하지 않고 있으면, 단기간의 머리 숙임은 없을지 모르지만, 자신도 모르는 사이에 더 큰 것을 잃는 결과를 초래하게 될 것이다.

중요한 것은 유사한 실수를 반복하지 않는 것이다. 같은 실수를 반복하면 사과는 립 서비스에 지나지 않은 것처럼 인식되고, 원래 그런 사람으로 낙인이 찍히게 된다. 반성의 끝에서 나온 진정한 사과가 아니라 순간을 모면하기 위한 방편으로 여겨지며, 사람을 우롱하는 것으로 생각될 것이다. 따라서 동일한 종류의 실수를 반복한다면, 진솔한 사람으로 인정받을 수 없다. 동일한 실수 후에는 어떤 방법으로 사과하더라도 관계 개선이 어렵다. 원래 그런 사람으로 인식될 것이며, 주위 사람들이 떠나갈 것이다. 좋은 사람을 만나고 관계를 지속하기 위해서는 신중하게 처신해야 한다.

과거 실수의 양과 종류는 사람마다 다를 것이다. 종류가 많다면 그 모든 경우를 반추하는 과정에서 자신도 모르게 자신이 성장하고 있다는 것을 발견할 수 있을 것이다. 실수를 인정하고 돌이켜 생각하는 것 자체가 성장하는 것이다. 종류가 다양할수록 다양한 상황을 제공하게 되니, 좋은 교육 자료가 될 수 있다. 과거의 잘못이 많을수록 좋다는 것은 아니지만, 진정한 반성을 하고 다시 태어나고자 한다면, 본인의 내면에 마음고생을 포함한 다양한 경험이 필요하다.

과거의 잘못을 분석해 보면, 자신이 어떤 사람인지 알 수 있게 된다. 실수를 하게 된 여러 가지 이유 중에서 어떤 원인이 제일 큰 원인인지를 발견할 수 있을 것이며, 그것이 자신이 고쳐야 할 점이다. 인격에 관계되는 원인의 대부분은 성격, 기질 또는 성품과 같은 요소 때문이다. 이 요소를 자신이 잘 조절하지 못하기 때문에 실수를 하게 되는 것이다. 이 요소를 조절 또는 통제한다는 것이 쉬운 일이 아니기 때문에 유사한 실수를 반복하지 않기 위해서는 많은 노력이 필요하다.

사람들은 대체로 무난하기 때문에 일상생활을 할 때에는 개인의 특성이 잘 들어나지 않는다. 그러나 어떤 특별한 상황이 생기거나, 지속적으로 접촉하다 보면 개인의 특성이 드러나게 되고, 장단점이 보이게 된다. 그 사람도 물론 장점이 있고, 경우에 따라서는 다른 사람들이 부러워하는 장점의 소유자일 수도 있다. 그리고 일반적으로 볼 때 무난하다고 할 수 있다.

어떤 사람이 주변으로부터 지탄을 받는 이유는 불과 한두 가지 요소 때문에 발생한다. 사람들은 상대방이 치명적인 결점을 보일 경우 대체로 그 결점 때문에 싫어하게 되는데, 장점이나 무난한 점들로 상대방에게 이익을 주거나 감탄을 주는 경우는 드물지만, 결점은 상대방을 매우 불편하게 하기 때문에 사람들이 싫어하고 오래 기억하는 것이다. 사람들은 접촉하기 싫은 인물을 굳이 불편을 감수하고 참으면서 만나려고 하지 않는다. 그렇기 때문에 시간이 지날수록 싫은 사람을 멀리하고, 좋은 사람하고만 함께하게 된다.

따라서 지난날의 실수를 반추하여 자신의 특성, 즉 결점을 발견하였다면, 이런 실수를 반복하지 않기 위해서 이 부분을 집중적으로 고치도록 노력해야 한다. 평소에 자기에게 그런 면이 있다는 것을 인식하고, 제어하려는 생각을 지속적으로 가지고 있어야 한다. 평소에 자기 암시의 훈련을 하는 것도 좋은 방법이다. 그럼에도 불구하고 자신의 결점을 통제할 수 있을지는 알 수 없다. 그런 실수를 유발할 수 있는 상황이 자주 발생하지 않기 때문이다. 성격적 결함은 자신도 모르는 사이에 나타나며, 특정한 상황에서 여러 개인적 특성이 복합되어 순식간에 나타나기 때문에 사전에 만반의 준비가 되어 있지 않으면, 과거와 다른 반응이 나오기 어렵다. 극복이 가능한지는 상황에 닥쳐봐야 알 수 있으며, 그런 과정을 거쳐야 변화된 자신을 느낄 수 있을 것이다.

자신을 고치려고 각오한다면, 일단 말을 하지 않는 것도 좋은 방법이다. 잘잘못을 따지거나 즉각적인 반응을 하기 전에 무조건 참고 보는 일이다. 자신의 단점은 말로써 시작되니, 말을 억제한다면 보다 적절한 반응을 위한 시간을 벌 수 있을 것이다. 요즘 서양에서 인기를 끌고 있는 불교의 수련법 중 반응하기 전에 3번 심호흡하는 방법이 있는데, 이렇게 하고 나면 반응의 정도가 달라진다는 것이다.

우리를 불편하게 하는 사람들의 예는 그런 환경에서 자신을 변화시킬 수 없었기 때문에 발생하는 결점을 보여주는 것이다. 그 사람들도 자신이 다른 사람들로부터 어떤 평가를 받는지 모르는 것이 아니나, 자신의 결점들을 고치지 못하는 사람들이다. 환갑이 넘어서도 똑같은 행동을 반복하여 주위로부터 배척당하면서 살아가니 안타까운 일이다. 자신의 결점을 결점으로 인식하지 않고, 반성은커녕 유사한 실수를 반복하며, 오히려 자기 주관이 뚜렷하다는 점을 강조하는 사람도 있는데, 이런 사람과는 관계를 단절하는 것이 상책이다. 반성과 행동 간에는 그와 같은 험난한 과정이 있다.

일기가 자신의 잘못을 내면적으로 시인하는 반성이라면, 과거의 잘못을 반성하고 시정하는 일은 행동을 통한 교정이라 할 수 있다. 자신의 행동을 시정할 수 있고, 타인에게 불편한 인상을 주지 않을 수 있다면, 적어도 자신이 욕먹는 일은 없을 것이다. 힌두교에서는 사람으로부터 나오는 것은 모두 불결한 것이라고 인식한다고 하는데, 내가 하는 말이나 행동이 나를 욕먹게 해서는 안 될 것이다. 상황이나 다른 사람은 내가 통제할 수 있는 영역 밖에 있지만, 본인 스스로는 자신이 통제할 수 있는 범위 내에 있다. 이것을 하지 못해 자신 스스로 배척당하는 결과를 초래한다는 것은 억울한 일이 아니라고 할 수 없다. 나로부터 나오는 말과 행동으로 나를 욕먹게 하는 일은 없도록 해보자.

가치관의 확립과 판단력

앞에서 설명한 지난날의 반성이나, 자기 자신을 아는 것은 모두 일종의 평가 기준에 의해 이루어진다. 사람이 어떤 행동을 하거나 평가를 할 때에는 그 사람 나름대로의 기준이 없을 수 없는데, 이러한 평가의 기준이 되는 것이 그 사람의 가치관이다. 예를 들어 불교적 가치관이나 기독교적 가치관, 이슬람적 가치관에 따른 행동 양식이 다를 수 있는데, 이러한 문화권에서 성장한 사람들은 자연히 일정한 가치관을 가지게 되고, 그 가치관에 따라서 선악을 판단하게 된다. 선악의 구분이 아니더라도 개개인의 사소한 행동 양식의 옳고 그름, 즉 그 사회에서 이견 없이 받아들여질 수 있는 기준이 이러한 가치관에 의해 좌우된다. 따라서 사람이 어떠한 가치관을 가지고 사느냐는 그 사람의 행동 양식 즉 선택과 결정에 영향을 미친다. 이러한 가치관은 가정, 학교, 사회, 인간관계 등 성장과정에서 습득한 다양한 지식과 경험을 토대로 형성되게 되는데, 외부로부터의 입력과 그에 대한 자기의 생각이 누적되면서 가치관으로 확립되게 되는 것이다.

요즘 한국에서는 정치적 입장 차이가 가장 크게 부각되고 있는데, 이러한 기본적인 생각의 차이가 일상생활에서도 나타나며, 본인의 가치관에도 영향을 미친다. 한 사람의 사고방식과 그 사고방식을 형성하게 하는 생각하는 방법은 정치나 종교적 성향에서부터 일상생활에 해당하는 도덕적 가치관이나 개인의 인생관에 이르기까지, 어떤 방향으로 인생을 사느냐를 결정하게 된다. 일상생활에서 사람과 사람 사이에 충돌을 일으킬 수 있는 가치관은 국가관, 정치관, 안보관, 종교관, 인생관, 장유유서적인 전통적 위계질서에 대한 견해, 나의 행복을 우선시하는 세대 간 의식의 차이, 선망하는 직업에 대한 견해 등을 비롯하여 여러 가지가 있을 수 있다. 이러한 가치관에 따라 의견이 나뉘고, 때로는 시위와 폭력적 행동도 뒤따른다. 일상적으로 이런 분야에 대한 대화가 이루어지고 있으며, 경우에 따라 인간관계의 갈등 요소가 된다. 따라서, 사람을 만나면 말조심해야 하고, 상대방이 어떤 가치관의 사람인지 사전에 파악하거나, 대화를 통해 파악하여야 한다. 이러한 배려 없이 불쑥 이야기하는 사람은 당황스럽기도 하거니와 말문을 닫아버리기도 한다. 이러한 가치관에는 공부를 해야 하는 지식적인 요소가 필요한 부분도 있고, 개인의 선호도에 따르는 취향적인 요소도 있다.

가치관의 결정에 있어서 자신이 알고 있는 부분이 옳은지에 대한 판단도 필요하지만, 그 선택이 장기적으로 지속될 수 있는지도 판단해야 한다. 세상을 잘 모르는 청소년들도 일정한 가치관을 가질 수 있지만, 그들의 가치관은 추가 지식의 습득, 생활하면서 터득된 생각이나 경험 등에 의해 변화될 수 있다. 따라서 청소년기의 가치관이란 불확실하며, 불완전하다. 나중에 변화될 수 있는 가치관은 결국 그 사람에게는 틀린 가치관인 것이다. 일시적인 취향에 의해 선택된 가치관이나, 평생 견지할 수 없는 가치관은 올바른 가치관이 아니다. 올바르지 않은 가치관에 의해 결정을 내리거나 행동할 경우, 결국 자신을 망치거나 시간을 낭비하는 결과를 초래할 수 있으니, 자신을 위해 유익하지 않은 것이다.

여러 가치관 중에서 어떻게 살 것인가 즉 인생관에 대한 태도의 정립은 무엇보다도 중요하다. 인생관은 젊은 시절의 경험만으로 정립되는 것이 아니며, 많은 시행착오와 생각, 경험 등을 통해서 서서히 이루어지는 것이다. 최소한 40대 후반이나 50대 정도는 되어야 인생관이라고 할 수 있는 관이 정립될 수 있으니, 그전까지는 그저 열심히 인생을 경험하고 생각하며 배우는 자세로 살 뿐이다. 그전까지는 인생의 중요 고비를 다 겪어 보지 못할 것이며, 깨달음을 추구할 수 있는 시간도 부족할 것이다. 물론 나이가 더 들어서도 배우는 자세로 살아야 하는 것은 당연하다. 인생관을 어떻게 정립하느냐에 따라 사람의 향기가 달라질 수 있다. 세상의 도(道)를 추구하여 성인(聖人)의 삶을 추구하며 살 것인지, 아니면 아직도 깨달음이 부족하거나 없는 삶을 살 것인지의 여부도 가치관에 따라 결정된다.

판단력은 자신의 가치관에 의해 좌우된다. 어떤 생각을 하고, 어떤 삶을 추구하는지, 어떤 모습을 이상적인 삶의 모습으로 그리고 있는지에 따라 자신의 판단이 달라진다. 사람은 매일 크고 작은 판단을 하며 살아가는데, 가치관에 의해 판단이 달라진다. 자신의 판단이 옳은 판단이기를 바라겠지만, 잘못된 판단으로 고생하는 경우도 있을 것이다.

중요한 것은 우리 주위에는 드물지만 인생 고수가 있다는 점이다. 예를 들면, 어떤 운동이든지 초보 위에 고수가 있고, 초보는 고수가 어떤 면에서 고수인지 식별하기 어렵지만, 고수는 초보의 어떤 면이 초보인지 눈에 뻔히 보인다. 인생에 있어서도 마찬가지다. 판단력이 부족한 사람이 자기주장을 펴는 것은, 초보가 고수 앞에서 아는 척하는 것과 같다. 고수가 초보의 단점을 지적하지 않는 것과 마찬가지로 인생 고수는 인생 하수의 단점을 지적하지 않으며, 기분 상하지 않게 적당히 맞춰 가면서 분위기를 좋게 할 뿐이다. 반면, 초보는 조금 알게 되면 그것을 떠벌이는 경향이 있다. 빈 깡통이 요란한 것이다. 고수는 굳이 지적하여 감정을 상하게 하고 인간관계를 나쁘게 할 필요가 없으니 좋게 좋게 넘긴다. 따라서 나이 들어갈수록 잘못된 가치관과 판단력을 교정할 기회가 사라진다.

최근의 한국 성인들은 대부분 대학을 졸업했고, 인구 추세를 감안할 때, 앞으로도 국민 대부분이 대졸이 될 것으로 예상된다. 대학 졸업 후에는 부족한 일자리를 찾아 쟁탈전을 벌이고, 그 이후에는 생활 전선에 매진해야 하기 때문에 대학에서와 같은 공부를 제대로 할 수 없다. 문제는 대부분 사람들이 대학을 졸업했기 때문에 발생한다. 자신들은 최고 학부를 나왔기 때문에 배울 것은 다 배웠다고 스스로 생각하기 때문에 문제가 발생한다. 그 지식의 기반하에 모든 것을 판단하며, 새로운 지식에 대한 겸허함이나, 필요성을 느끼지 못하고, 자기가 알고 있는 지식이 자신의 판단 기준으로 삼아야 될 만큼 충분한지의 여부도 알지 못하며, 알려고도 하지 않는다. 그러면서 자기의 졸업장과 지식에 자부심을 부여하며, 그 기준하에 가치 기준을 쌓아올리게 된다. 거기에 자기의 감정과 선호하는 바가 추가되어 자신의 이론적 틀을 만들어가게 되니, 시간이 지나면 절대 허물어지지 않는 견고한 성이 되어 버린다. 그리고 자기가 알고 있는 지식이 옳다고 생각하며 남의 이야기를 잘 들으려 하지 않게 된다.

우리는 대학에 이르기까지 받았던 교육이 얼마나 부실하고, 부정확하며, 중요한 부분이 빠져 있는지 잘 모른다. 주입식 교육과 시험 통과에만 관심을 가지고 살아왔기 때문에 가르쳐주는 것만 무비판적으로 암기하는 데 급급해 왔던 교육은, 시험 종료와 함께 생명력을 잃어버리게 되고, 더 이상의 교육은 필요 없게 된다. 이러한 교육 방식은 관심이 있거나, 의문시되는 분야에 대한 추가적인 개인적 탐구 의지가 없어지게 하는 효과를 발생하게 되고, 학교에서 배우지 않았던 내용은 더 이상 연구할 필요성조차 느끼지 않고, 모르는 채로 살아가게 되었다. 예를 들어 조선의 멸망 과정과 그때 당시의 국제정세, 일제시대 전후의 한국의 경제상황과 경제발전, 해방 전후 대한민국 건국 과정에서 일어난 일 등은 학교에서 별로 교육하지 않는다. 이 부분은 논란이 많은 부분이며, 우리 선조들의 치욕을 드러내는 부분일 수도 있다. 이런 부분은 학교에서 교육하지 않으니, 고등학교를 졸업한 학생들이 알 방법이 없다. 이 부분이 현재 한국의 사상적 뿌리 논쟁의 중요한 부분임에도 불구하고, 이에 대한 교육은 사적 영역에 남겨져 있다. 대학에서 이렇게 불모지대로 남겨져 있는 부분을 선점하기 위해 서클 단위로 인원을 충원하고 공부를 하고 있는데, 일방적인 논리와 그에 적합한 사례들만 접한 청년들이 그 방향으로 경도될 수밖에 없는 것은 당연하다. 과거의 일을 의도된 잣대나 선악의 기준에서 평가하며 왜곡된 결론으로 유도하니, 새로운 지식과 젊은 나이에 솔깃할 수 있는 정의감으로 무장된 청년들은 어느 한 방향의 지원군으로 충원되고, 점차 골수 행동대원이 된다. 사회 현상은 어느 일방적인 방향으로 설명될 수 없고, 상대적 논리도 있는 것이 당연하지만, 그들은 그것을 가볍게 무시하거나 적대적으로 여긴다.

그렇기 때문에, 우리는 항상 탐구하려는 자세를 멈추어서는 안 된다. 탐구하려는 자세를 멈추는 순간, 자신은 선동되기 쉬운 도구로 전락하게 되는 것이다. 정치든 종교든 탐구하려는 자세를 멈추고, 상대방의 말을 그대로 믿는 순간 그는 선동의 도구가 되며, 어떻게 이용될지 모른다. 따라서 자신이 확실히 안다는 믿음이 오는 순간까지 의심을 멈추어서는 안 된다. 확실히 아는 것도 의심을 해보아야 하지만, 그 정도까지는 아니더라도 교육을 포함한 남의 말에 의해서가 아니라 나의 판단에 의해 확실해질 때까지 탐구하는 자세로 살아야 한다. 그래서 인간은 항상 겸허해야 하는 것이다.

안다는 것은 무엇을 의미하는 것인가? 사람들은 희미하게 알고 있어도 안다고 하고, 잘 모르면서도 안다고 하는 경우가 있다. 심지어 행동을 하여야 할 때에도 잘 모르면서 움직이는 경우가 많다. 내가 움직이고, 믿는다고 고백하고, 사업을 하거나 재산을 투자하는 경우에도 잘 알지 못하면서 행동으로 옮기는 경우가 있으니, 크고 작은 일에 실패를 경험하게 되는 것은 당연하다. 가벼운 일이라면 한번 질러볼 수도 있겠지만, 중요한 경우에는 인생의 실패나 허망함을 면할 수 없다. 서울에서 부산까지 이동하는 방법을 알거나, 은행 창구에 가면 어떤 절차가 있는지 아는 것과 같은 것이 아는 것이다. 멀리 있어도, 가보지 않아도, 현장에 있는 것과 같은 행동이 이루어질 수 있음을 확신할 수 있는 것이 아는 것이다. 내가 투자를 하거나, 어떤 사고방식에 대하여 동의할 경우에는 이런 수준의 확신을 바탕으로 하는 것이 필요하다. 《손자병법》의 '이겨놓고 싸운다(先勝求戰)'라는 말과 같은 확실한 느낌을 갖고 임하는 것이 아는 것이다. 한나라 한신(韓信)은 싸움에서 항상 승리한 반면, 조나라 조괄(趙括)은 탁상공론으로만 연구한 병법으로 승리를 자신하였으나 실제 장평 전투에서는 40만이나 잃는 중국 최대의 패전을 당했다. 조괄의 패인은 그의 어머니가 우려한 바와 같이 실전 감각이 없었기 때문이다. 전사를 보면 대체로 승리한 장군은 항상 승리하는 경향이 있고, 패배한 장군은 항상 패배하는 경향이 있는데, 이것은 알고 전쟁을 하는 경우와 불확실한 상태에서 자신감만으로 전쟁을 하는 경우의 차이인 것이다. 승리하는 장군은 불확실성이 많은 전쟁에서도 항상 승리할 수 있을 조건을 만들어 놓고 싸우며, 승리할 것이라는 것을 알고 있는 것이다. 확실히 알지 않으면 불확실성에 자기 자신을 내던지지 말고, 일단 의심하고 모르는 분야를 알 수 있도록 공부하여야 한다. 남의 말을 그대로 믿으면 나도 모르게 사기당하는 수가 있다. 내가 지금까지 관행적으로 해 오던 일도 과연 확실하게 알고 있는 상태인지 반문해 보아야 한다. 그런 의심을 멈추어 버리면 썩은 고목나무와 같다.

또한 안다는 것은 나름대로 논리성을 찾아가는 일을 필요로 한다. 인간 세상에서 일어나는 일은 모두 우리가 이해할 수 있는 인과관계를 갖고 있다. 옛날이나 지금이나 사람이 살아가는 과정은 비슷한 인과관계를 가지고 있으며, 이런 관계를 설명할 수 있어야 논리성이 있는 것이다. 우리가 알고 있다고 추정하는 믿음이라 하더라도 이러한 인과관계로 설명되지 못한다면, 제대로 아는 것이 아니다. 고등교육을 받은 우리의 지식으로 이해될 수 없는 부분에 대해서는 그 논리를 파악하려고 노력하여야 한다. 우리의 지식으로 타당하다고 인정될 수 있는 논리가 발견되면 그다음 단계로 진행하고, 그렇지 않다면 논리의 발견을 위해 탐구하여야 한다. 이해가 되지 않는다면 그것은 아는 것이 아니다. 우리를 기만하는 것들은 이런 논리성을 갖추지 못하고, 어느 단계에서는 논리를 뛰어넘거나, 알려고 하지 말라는 식의 주문을 하곤 하는데, 이런 것은 조작된 것이며, 이런 조작에 현혹되어서는 안 된다. 자기 자신이 이해할 수 없는 부분에 대해 의혹을 가지지 않고, 무조건으로 추종하는 것은 자기기만이며, 위선이다. 논리성을 발견하려는 노력을 하지 않을 때, 이 세상은 혼탁해진다. 경우에 따라서는 논리적 타당성의 추구를 까다롭다고 매도하며, 비논리적으로 밀어붙이는 경우가 있는데, 그러면 아는 것과 모르는 것의 구분이 불명확해지며, 불합리한 요구도 정상인 것처럼 여겨질 수 있다. 우리를 조작하려고 하는 사람들은 어느 단계에선가 비논리적 도약을 하곤 하는

데, 그 도약을 식별하지 못하면 결국 자기가 당하게 된다. 때로는 자기의 바람이 너무 강해 비논리적인 것을 문제 삼지 않을 수도 있는데, 이런 것도 조작의 제물이 되는 것이다. 올바른 가치관을 가지기 위해서는 생각의 수련만으로는 되지 않고, 외부의 지식을 지속적으로 탐구하여 일의 전후관계를 파악하고 판단하여 논리성을 정립하여야 한다.

우리가 받은 교육은 대체로 무난히 넘어갈 수 있는 교육을 받아왔으며, 첨예한 대립이 예상되는 부분에 대한 교육은 회피되어 왔으니, 성인이 되고 대학 교육을 받았으면, 한국 사회에서 논쟁거리가 많은 부분에 대해서는 어떤 분야가 되었든 자기 나름대로 탐구하여 지식을 쌓아서 그에 대한 관을 정립하여야 한다. 그것이 성인이 되어서 할 일이다. 배운 지식만 가지고, 모호한 상태로 남은 인생을 살아서는 안 될 것이다. 손쉽게 얻어질 수 있는 대중매체를 통한 단편적인 지식에 자기 생각을 고정해서도 안 될 것이다. 문제를 단편적이 아니라 종합적으로 탐구해야 하는데, 지속적으로 탐구하다 보면 어느 시점에서인가 문제의 핵심을 알게 되고, 어떤 주장이 잘못되거나 왜곡된 주장인지 식별하게 될 수 있을 것이니, 이때 비로소 자기의 가치관이 정립되는 것이다. 가치관이 제대로 정립되어야 그 근거 위에서 올바른 판단을 할 수 있고, 결과적으로 자신에게 이익이 되는 삶을 살 수 있을 것이다.

독서와 인간성의 개발

독서는 마음의 양식이라고 한다. 이 말은 누구나 인정하는 말이며, 아이 어른 할 것 없이 책을 읽는다는 것은 좋은 의미로 받아들여진다. 책 속에 길이 있다는 말도 있으며, 여러 가지 이유에서 스스로 책을 찾아 읽는다. 어릴 때에는 유익하다는 책을 선정하여 읽기도 하고, 권유나 시험에 대비하기 위해 고전이라는 책을 읽기도 한다.

사람에 따라 다르기는 하겠지만, 별생각 없이 읽은 책은 읽었다는 기억 이외에, 인생에 큰 영향을 미치지 못한다. 책의 의미는 심오하다 하더라도 그 심오함을 느끼거나 생각해 볼 수 있을 만큼 성숙되지 못하였다면, 책을 읽은 본연의 의미가 없다. 책을 읽되 느끼지 못한다면, 그것은 읽은 기억 이상의 의미가 없는 것이다. 책의 의미를 느끼려면 공감할 수 있는 성숙도에 도달하여야 한다. 그렇기 때문에 같은 책이라도 읽을 때마다 느낌이 다르다고 하는 것이다. 의미를 이해할 수 없는 나이에 읽은 책은 아무런 효과가 없다. 그러므로 책이 자기 인생을 변화시키게 되는 것도 때가 있는 법이다. 어떤 계기나 시점에 맞춰 적절한 타이밍에 읽은 적절한 책은 인생의 방향을 바꿀 만큼 큰 길잡이가 된다. 그러한 계기를 접할 수 있게 되었다는 것은 큰 행운이다.

독서에는 크게 두 가지 종류가 있다. 하나는 지식을 쌓기 위한 독서이고, 다른 하나는 인간적인 성숙을 위한 독서다. 전자의 독서는 다양한 분야의 지식을 넓히기 위해 사용된다. 여행을 통한 각 나라의 풍습을 전달해 주는 책, 전공 분야의 심도 있는 지식을 기록한 책, 내가 하지 못한 경험을 기록한 책, 알지 못하는 과거의 역사를 기록한 책 등 다방면의 지식을 전달해 준다. 이런 지식은 흔히 말하는 공부에 해당하는 것이며, 이런 지식을 많이 알고 있으면 해박하다는 소리를 듣는다. 다양한 분야의 지식을 쌓아가고, 모르는 것을 알게 되는 것도 인생의 즐거움이라 할 수 있겠다.

후자는 인간적인 성숙을 위해 책을 읽는 경우이다. 이러한 책들은 지식보다는 인격의 차원을 높이기 위해 필요한 책들로, 사고의 깊이를 더해주고, 생각의 지평을 넓게 해주며, 다른 세계의 사고로 이끈다. 이런 책들은 인간이란 어떤 생각을 가지고 살아야 하며, 어떤 수준의 사고가 최고의 생각인지, 어떤 사고방식과 행동으로 살 것인지를 제시해 준다. 동서고금을 막론하고 고전이라고 불리는 다양한 책이 있는데, 독서를 하다 보면 그중에서 자기와 맞는 사상이 나타날 수 있다. 수많은 고전 목록들은 고전이라고 생각되는 사상들을 나열한 목록인데, 그 목록 중에 자기 생각과 일치하거나 표상으로 삼을 만한 책들을 발견하게 될 것이다. 처음에는 고전이라는 명칭 때문에 일단 책의 가치를 인정하고 책을 읽을 것이나, 고전을 무조건 위대하다고 생각하면 안 되고, 비판할 수 있어야 하며, 학교에서 교육하는 내용이라고 해서 무조건적으로 추종하려고 해서도 안 된다. 대학을 포함한 학교 교육은 그 목록들을 소개한 것에 지나지 않으며, 그래서 학교 교육을 통해 인간적 성숙을 기대할 수 없고, 자신에게 적절한 내용의 탐구는 본인이 직접 노력하여 발견하여야 한다.

사람들은 자기 테두리에 갇혀서 살기 때문에 독서를 통하지 않고는 이런 세계나 사상을 접할 수 없다. 독서를 하다 보면, 자신이 미처 생각하지 못한 경지들을 접하게 되는데, 그 경지들을 접하면서 그것이 옳다는 생각이 든다면 그것이 자기의 것이 될 수 있는 것이다. 선각자들은 내가 미처 생각하지 못한 부분들을 생각하며, 그것을 자기 신념화하여 행동으로 옮긴 사람들로서, 많은 사람들이 그 생각들을 옳다고 생각하여 따랐다. 그 결과 오늘날에도 전해 내려오는 고전의 반열에 오른 것이다. 어떤 생각이 자신에게 맞는다고 생각될 때, 그에 관련된 책을 몇 권 더 읽어 보면, 그 분야에 대한 윤곽을 알 수 있을 것이다. 서서히 전체가 보이고, 이해되지 않던 부분이 이해되기 시작할 것이다. 그러면서 점차 사상 전반에 대한 이해가 되기 시작하는데, 자기 생각과 지속적으로 일치한다면, 그 사상이 자기 것이 되는 것이다.

이러한 사상적 변화는 자기 인생관의 근간이 된다. 현재와 같은 동일한 방법으로 산다면 도저히 깨달을 수 없는 생각의 변화가 일어나고, 현재에 빠져서 사는 것이 아니라, 어떻게 사는 것이 올바른 길인가라는 큰 맥락 속에서 현재의 삶을 바라볼 수 있을 것이다. 짧은 인생을 사는데, 옳은 길이 무엇인지는 알고 살아야지, 되는대로 사는 것은 억울한 일이 아닐 수 없다. 나는 이런 삶이 최선의 삶이라고 생각하며, 그것을 실천하면서 살고 있다고 자부할 수 있어야 한다. 그러면 남들이 가진 것을 다 가지지 않더라도, 남들이 하는 것을 다 따라 하지 않더라도 행복을 느낄 수 있을 것이다. 사람은 여러 종류가 있고 그 종류에 따라서 가야 할 길이 다른데, 사람은 자신에게 맞는 길을 찾아야 하며, 그 길을 가는 것이 가장 자연스럽고 타당하다. 나에게 맞는 길을 찾는다면, 매우 큰 행복을 얻는 것이다. 이런 길을 발견할 수 있다면 매우 다행이다. 살아가면서 이런 길을 발견하지 못했다면, 다양한 책을 접하면서 길을 찾도록 노력하여야 한다. 동양 고전에도 다양한 사상가가 있고, 서양 철학에도 다양한 사상가가 있는데, 독서를 통해 자신에게 맞는 길을 찾도록 노력해야 한다. 이 길이 바로 자신의 도(道)가 될 것이다. 어떻게 살지는 자신이 선택하여야 하며, 어떤 길을 찾을지도 자신이 선택하여야 한다. 선택과 노력은 병행되어야 하며, 자기 자신의 몫이다.

자신에게 적합한 길은 각각 다르다 할지라도, 모두가 따라야 할 우수한 사상은 존재한다. 우수성이란 앞에서 살펴본 우리를 아름답게 하는 행동을 창조할 수 있는 마음가짐, 상대방을 불편하게 하는 행동을 하지 않게 하는 마음가짐이 자연스럽게 우러나올 수 있는 사상을 말한다. 즉 모두에게 이롭고, 헌신하며, 타인을 괴롭히지 않는 생각이 자연스럽게 나올 수 있는 품성이 길러지는 사상을 말할 수 있을 것이다. 이런 사상은 양보, 배려, 희생, 인내, 깊은 생각, 말조심, 자기 자신에 대한 성찰, 표면에 나타나지 않는 것에 대한 고려 등을 길러내는 사상이라고 할 수 있다. 이런 생각을 가지고 사는 사람들은 자기는 나타나지 않으면서도 필요한 일을 이루어 나가며, 절대 남을 괴롭히는 일이 없고, 자기를 희생해서라도 전체의 이득에 이바지하려고 하는 등 주변에 도움이 되는 사람들이다. 이런 사람이 많으면 사회는 아름답게 되고, 살아있는 이 세상이 천국이 될 것이다. 인간답게 살면서 서로에게 아름다운 영향을 주게 되니 굳이 사후의 천국을 바랄 필요가 없다.

이런 생각을 가장 잘 표현하고 있는 것이 노자(老子)의 《도덕경(道德經)》일 것이다. 일반적으로 노장사상을 은둔사상이라고 교육하나, 은둔사상이라고 하는 사람들은 《도덕경》의 진수를 제대로 파악하지 못한 것이라 할 수 있다. 노자가 함곡관을 거쳐 관중 땅으로 사라지고, 노자의 제자들이 초야에 묻혀 사는 것을 보고 그런 말을 하는지 모르지만, 노자는 인간 세상에서 성인(聖人)에 이르는 위대한 도(道)를 전수하고 사라진 것이다. 노자의 《도덕경》은 첫머리에 그 진수가 드러나 있다. 도가도 비상도(道可道 非常道)라는 말을 하는데, 이 말은 도를 도라고 할 수 있으나, 항상 도라고 할 수 있는 것도 아니라는 뜻이다. 세상에는 도라는 것이 있는데, 그 이치를 도라도 한다. 그러나 그 도도 상황에 따라 도가 아닐 수도 있다는 말을 어떤 철학에서도 하지 않는다. 아무것도 하지 않으면서도 이루지 못할 것이 없다는 말을 하지 못한다. 《도덕경》의 내용은 주로 군주가 백성을 다스릴 때의 몸가짐과 자세, 통치 방법 등을 이야기하고 있는데, 비단 군주가 아니라 하더라도 일반 사람들도 습득하여야 할 내용들이다. 세상의 어떤 철학책도 '이것은 이것이다'라고 주장하지, 이것은 이것이 될 수도 있고, 아닐 수도 있다고 이야기하는 고전은 없다. 노자의 《도덕경》은 낮이 있으면 밤도 있고, 흑이 있으면 백이 있듯이, 이것을 이야기하면서도 저것이 있다는 것을 항상 함축하고 있다. 군주는 백성들이 군주가 있는지조차 모를 정도로, 나서지 않고 통치하는 것이 가장 잘하는 것이라든가, 군주는 쓸모없는 통나무 같은 존재여야 한다든가, 물과 같이 항상 낮은 데로 지향하면서 구부러지는 것같이 처신하지만, 이루지 못하는 것이 없다는 등의 내용은 무위(無爲)하면서도 모든 것을 이룰 수 있다는 것을 말하고 있다. 사람들은 일반적으로 무위의 사상을 은둔사상이라고 하지만, 좀 더 깊게 생각해 보면 이 사상이야말로 무서운 사상이고, 인간의 최고 경지를 이야기하고 있는 사상이다. 노자와 같은 도가 사상의 계승자라고 할 수 있는 장자(莊子)도 그의 내편(內編)에서 소요유(逍遙遊) 제물론(齊物論) 양생주(養生主) 인간세(人間世) 덕충부(德充符)에 이어 대종사(大宗師) 응제왕(應帝王)을 말한 것도 노장사상이 은둔이 아니라 결국 왕의 덕목을 제시한 것임을 알 수 있다. 군주나 사람이 이같이 하려면 얼마나 큰 성인이 되어야 하겠는가? 굳이 자기 주장을 하지 않더라도, 자기 이익을 챙기려 하지 않더라도 이루지 못할 것이 없으니, 일반 사람이 보지 않는 부분을 보고, 일반 사람이 생각하지 않는 부분을 생각하지 않고는 이런 말을 할 수 없다. 세상을 바라보는 시각이 달라야 할 수 있는 말이다. 남에게 주어도 자기에게 이익이고, 남보다 낮은 곳에 위치하더라도 남보다 높아질 수 있는 경지를 다른 철학자들이 어떻게 이해할 수 있었겠는가? 자기가 말하는 도가 항상 도가 아닐 수 있다고 말하면서, 자신이나 자신의 주장이 사라질 수도 있음을 인정하고, 자기는 아무것도 아닐 가능성이 있다는 말은 아무나 할 수 없는 말이다. 노자가 척박한 관중 땅으로 몸을 숨긴 것도 자신의 이러한 말을 실천한 것으로 볼 수 있으며, 세상에 도를 전했으니, 자기는 사라진다는 위대한 행위라고도 할 수 있다. 노자의 도덕경은 항상 자기를 낮추고 세상에 대해 겸손하게 살며, 세상의 행복을 위해 신경을 쓰되, 자기 이익은 없어도 된다는 생각을 갖고 살아야 한다는 것을 가르치고 있다. 위대하게 되려고 애쓰지 않아도 위대하게 될 수 있지만, 위대하게 되지 않아도 좋다는 태도의 무위자연(無爲自然)인 것이다. 노자의 《도덕경》에는 숭고한 삶의 자세가 묻어 있다.

노자의 《도덕경》은 함축적인 의미로 쓰여 있어 독자마다 해석이 다를 수 있고, 해석하는 사람과 독자의 그릇(사람 됨됨이)에 따라 다르게 받아들여질 수 있어서, 다양한 해석본이 있고, 엉터리 해석을 하는 사람도 있다. 이런 해석상의 문제를 덜어내고 사람이 지켜야 할 내용을 미주알고주알 써 놓은 책이 불경이라고 할 수 있다. 불경은 윤회나 극락, 소원성취 같은 종교적 부분을 빼면 아주 좋은 철학책이다. 초기의 불교는 윤회의 고리를 끊기 위해 집착을 없애면 열반에 들 수 있다는 종교적 의미에서 출발했으나, 이후 대승불교는 집착을 끊은 후 실천하여야 할 행동의 내용을 발전시키면서, 인간이 지켜야 할 내용들을 세세히 기록했다. 8정도(정견, 정사유, 정어, 정업, 정명, 정정진, 정념, 정정) 또는 6바라밀(보시, 지계, 인용, 정진, 선정, 지혜)의 내용은 깨달은 사람이 바르게 살아야 할 방법을 제시한 것이다. 《화엄경》은 보살의 단계를 10단계로 구분하고, 각 단계마다 6바라밀의 실천 정도와 마음가짐, 태도 등을 기록했으니, 이 단계는 깨달음(즉 아는 것)과 실천 사이의 어려움을 이겨 내는 정도에 따라 구분한 것이다. 석가모니 깨달음과 이후의 초기 불교에서는 깨달으면 집착에서 떠나 열반에 들 수 있다고 했으나, 대승불교에서는 깨달음에 그치지 않고, 깨달음 이후의 실천의 중요성을 강조하고 있다. 화엄경에서는 깨닫는 것(아라한의 경지)은 1지 보살에 지나지 않고, 그것을 실천할 수 있는 정도에 따라 고수의 경지에 도달할 수 있는데, 그 경지를 10단계로 구분하여 기술하였다. 이 내용들은 깨달은 사람이 실천할 수 있는 심리적인 부분과 행동 양식을 매우 세부적이고 단계적으로 표현하고 있는데, 이 경지들은 사람들이 쉽게 이해할 수 있고, 따라 할 수 있다. 종교적 색채를 제외하면, 5지나 6지의 경지에 도달하게 되면, 노자의 무위사상에서 제시하고 있는 내용을 풀어서 말하고 있는 것 같은 느낌을 받을 수 있을 것이다. 따라서 사람들이 철학의 의미로 불경을 공부하면 생각과 실천의 의미에서 지켜야 할 내용들을 알 수 있을 것이다.

그러나 불경은 각 단계마다 수행해야 하는 내용을 기록한 차원이지, 말하지 않는 부분, 반대의 부분, 그것이 옳지 않을 수 있다는 부분에 대해서는 언급이 없는 관계로 노자의 《도덕경》을 따라가기 어렵다. 불경은 각 단계마다 무엇을 '해야 한다'를 언급하고 있지, 하지 않고서 이룬다는 면을 제시하지 않기 때문에 경지의 차원이 다르다. 공(空)의 개념을 이해하고 실천한다면 무위의 경지와 유사하지 않을까 한다. 불교에서는 무소유 하라고 하지만, 소유 자체의 의미가 무상한 경지는 이야기하지 못한다. 이 때문에 불경의 내용들을 글자 그대로 지키려고 하는 것은 항상 옳지 않을 수 있고, 말하지 않는 부분까지도 알아채는 심오한 경지는 다른 차원을 적용해야 할 것이다.

공자는 인(仁)과 서(恕)로 아름다운 세상의 질서를 이야기하고 있으나 이 역시 무엇을 해야 한다는 주장을 하고 있다. 사람의 마음속에는 항상 따뜻한 인의 마음이 있다는 것을 전제로 논리를 전개하고 있으나, 성악설의 주장에서 보듯이 사람에게는 나쁜 마음도 있기 때문에 비판을 받을 수밖에 없다. 공자의 사상은 세상이 어지러운 춘추전국시대에는 도외시되다가 후대에 제자들이 등용되면서 널리 퍼지게 되었는데, 건국(建國)보다는 치국(治國), 일반 서민보다는 상류 지배계급의 논리로 더 적합하지 않았나 싶다. 인간의 아름다운 면에서 출발하여 이를 기초로 아름다운 세상 건설을 주장했던 논리는 한편으로는 본받을 수 있으나, 인간 세상이 항상 그렇지 않다는 점에서 작위적(作爲的)인 면이 강하다고 볼 수 있다.

한국의 사상에 영향을 준 동양사상에서는 이른바 성인(聖人)을 표상으로 어떻게 성인에 도달하는가를 철학의 주된 관심사로 삼았다. 공자와 맹자는 중국의 요(堯), 순(舜) 임금을 성인으로 일컬으며, 이들이 개인적인 절제는 물론, 왕위를 자기 자식에게 물려주지 않고, 능력 있는 사람에게 물려주었으며(선양, 禪讓), 백성들을 자기 몸과 같이 여겨 태평성대를 이룩했다고 했다. 맹자는 공자를 성인으로 묘사했으며, 공자의 수제자 안회(顔回)(=안자, 顔子)도 이와 같은 사람이라 하였다. 노자 《도덕경》의 궁극적인 목표도 성인(聖人)에 도달하는 것이며, 성인에 도달할 때까지 정성을 다해야 한다고 가르치고 있다. 이와 같이 동양학에서는 성인이 되기 위해서 어떻게 해야 하느냐가 주된 가르침이었다.

동양철학의 일차적인 대상은 군주이다. 과거 중국에서는 군주가 백성을 통치하고, 왕권은 세습되어 왔기 때문에 군주의 자질이 곧 국가 경영에 영향을 미치는 구조였다. 군주의 능력이나 성격에 따라 백성의 삶과 국가의 안위가 좌우되는 구조였기 때문에 동양사상은 군주 개인의 자질 개발에 목표를 두고 발전했다. 따라서 군주가 어떤 태도를 보여야 하느냐의 내용으로 사상이 전개되었는데, 궁극적으로 요·순 임금과 같은 성품, 즉 성인의 성품을 배양하는 것이 동양사상의 목표였다. 이러한 성인이 되기 위해서는 지식의 습득도 중요하지만, 개인 생활의 절제에서부터 타인에 대한 배려, 사회에서 자기 자신의 역할, 해야 할 것과 하지 말아야 할 것의 구분, 사회적 관계에 있어서의 처세, 말을 해야 할 때와 삼갈 때, 어떤 말을 해야 하는지 등 종합적인 개인의 성품이 훌륭하게 배양되어야 한다. 이러한 내용들은 결국 개인이 사회생활을 할 때 어떻게 행동해야 하느냐의 내용과도 같은 것으로, 모든 사람이 공부하여야 할 내용인 것이다. 후세에 이런 내용의 교육이 꾸준히 이어져 온 것은 바로 이런 이유 때문이다. 군주를 위한 학문이라기보다는 일반 사람들도 습득하면 도달할 수 있는 경지 즉 군자(君子)의 수준에 도달하기 위해 갖추어야 할 덕목이 되는 것이다.

서양철학의 논의 내용과 유사하다고 볼 수 있는 내용으로 이 세계의 구성이 이(理)와 기(氣)로 되어 있다는 주자학과, 마음이 곧 이(理)라는 실천적 성격의 양명학은 훨씬 후대인 송 대에 이르러 등장했다. 이들

사상은 조선에도 영향을 주었으나, 조선은 이기론이라는 공허한 논쟁으로 세월을 보냈고, 이후 등장한 실학사상도 정책적 실행으로 연결되지 못하고, 결국 조선의 몰락으로 막을 내리고 말았다.

서양철학은 각 시대마다 다른 강조점이 있는 철학이 등장했으나, 인격적 수양 또는 인간성의 차원을 이야기한 내용은 거의 없다. 인간 자체의 개발보다는 전체와 인간의 대립에서 인간이 중심이 되어야 한다는 내용이 주가 된 듯하다. 개인의 인격 완성에 관해서는 언급이 거의 없고, 종교, 인간과 이성에 대한 고찰, 감성, 정신세계, 이상과 현실, 국가 등에 관한 논의가 주류를 이루었다. 서양의 모든 철학은 이상 세계를 이야기하는 플라톤과 현실 세계를 대상으로 하는 아리스토텔레스의 재해석이라 하는 언급이 있는 바와 같이, 철학에 있어서도 이상 또는 이데아적인 보이지 않는 정신세계의 관념과, 현실의 물자체와의 관계를 비교하면서 학자마다 이해하기 어려운 관념론적 논리를 발전시켜 왔다. 인간 연구가 중심이 된 연구에 있어서도 인간 내면의 정신세계를 파헤치는 방향으로 담론이 발전되어 왔을 뿐, 인간으로서의 덕목이나 인간의 인격 배양이 주제가 되지는 못하였다. 인간이 중심이 되었던 그리스 로마 시대에는 신도 인간과 같은 개성을 지닌 존재로 묘사되는 등 인간적인 면이 중요하게 여겨졌으나, 중세 기독교 시대를 거치면서 신은 절대적 존재가 되었고, 인간은 신의 피조물로서 복종해야 하는 존재로 전락하였다. 그리스 로마 시대의 인간 중심의 토론이, 1,000여 년간의 중세시대를 거치면서 인간과 인간성은 신과 종교에 매몰되어 버렸다. 종교개혁을 통해 개인의 자유에 대한 혁명이 일어났으나, 신에 대한 인간의 종속은 여전히 존재하였다. 또한 봉건제도에 의해 인간은 왕이나 귀족에 대해 하층 생활을 할 수밖에 없었고, 속박받는 존재로 살아야 했었다. 인간은 현실세계에서나 정신세계에서 종속적인 위치에 머물렀다.

이런 사회에서 르네상스와 종교개혁을 통해 인간이 중심이 되게 되었고, 인간의 이성이라는 것이 부각되면서 이성을 가진 인간이 중심이 되는 철학, 정치사상들이 등장하게 되었다. 이성의 발견과 더불어 서서히 신에 매몰되었던 인간성을 찾은 것이 계몽주의 시대였다. 계몽주의는 인간과 이성에 대한 자부심을 가져다주고, 이것을 기반으로 인간을 대상으로 한 철학을 펼쳤다. 그러나 서양철학의 연구는 관념적 인식론으로 발전되어, 인간을 중요시해야 한다는 생각이 인간의 내면적인 사고의 미세한 부분까지 구분하여 발굴하는 경향으로 발전하게 되었다. 유럽의 사상은 인격의 수양이나 인간성의 개발보다는 신의 존재, 이성의 분석, 인간의 오성이나 감성의 분석, 대상과의 관계 속에서 인식의 주체와 객체, 정신 분석 등의 방향으로 진행되었다. 그 결과, 실체가 모호한 절대정신과 같은 내용을 힘들게 이끌어 내었는데, 사물이나 인간의 본질, 사물이나 세계에 대한 표상, 지각이나 현상, 정신과 사물과의 인식에 관한 내용 등 주장하는 철학자에 따라 조금씩 다른 개념이나 관계 등을 주장하였다. 서양철학은 최초부터 이데아나 신이라는 절대적 이상을 등장시킴으로써 인간의 능력으로는 이해나 인식하기 어려운 영역을 제시하였는데, 후대의 연구에서도 여러 가지 자기만의 가정들을 설정해 놓고 이론을 전개함으로써 복잡하고 어려운 철학적 전통을 이어갔다.

쇼펜하우어에 의해 비로소 그런 관념적인 분석을 탈피하고, 인간 본연의 모습을 중심으로 하는 실존철학이 태동하게 되었다. 그는 인간은 의지 즉 욕망을 가진 실체이기 때문에 고통스럽다는 것을 인정하고 그 욕망을 절제함으로써 조금이나마 고통에서 해방될 수 있다는 점을 말하며 불교의 해탈과 유사한 개념을 제시하였다. 이후 그는 인생론적 측면에서 인간에 대한 이해 특히 힌두교나 초기 불교적 이해를 제시하였으나, 인간성의 개발이라는 차원으로까지는 나아가지 못하였다. 니체를 비롯한 실존철학은 철학의 주제를 이상(이데아)이나 신 또는 신과 인간의 2원법적인 대상이 아니라, 인간을 중심으로 했다는 면에서 근대철학을 뒤집는 철학으로 인정되고 있으나, 이러한 생각은 철학이 원래 인간 중심이 되어야 한다는 기본적인 생각을 발견한 데 지나지 않는다고 할 수 있다. 그 발견을 놓고 서양철학에서는 실존철학이 위대하다고 이야기하고 있으나, 이때 비로소 인간을 중심으로 한 생각의 출발선에 선 것뿐이라고 할 수 있겠다. 인간에 대한 연구는, 이상적인 것을 추구할 것이 아니라, 애초부터 시작되었어야 했었다. 이러한 서양철학의 전통은, 당연한 결과이겠지만, 동양철학에서와 같이 인간을 중심으로 보았을 때 발전할 수 있는 인간성의 발전이나, 관계 속에서 발견될 수 있는 문제에 대한 극복 등을 다룰 경지를 생각하지 못하였다.

서양철학의 또 다른 방향은 인간과 사회의 관계에서 인간의 억압을 해소하는 방향이나, 사회발전으로 인해 생겨난 불평등을 해소하는 방향으로 철학이 진행되었는데, 혁명을 통한 사회주의, 공산주의 이론이 그런 연구의 산물이며, 오늘날에도 영향을 미치고 있다. 이후, 자본주의가 제도권 내에서 불평등을 해소하는 방향으로 발전되면서 공산주의 혁명론은 전 유럽으로 확대되지는 못하였으며, 선진 자본주의 국가들이 사회보장제도를 확대하면서 자유민주주의와 자본주의가 국가 운영의 기본 틀로 정착되게 되었다. 그러나 사회의 불평등 또는 불만은 현대에도 여전히 존재하고 있기 때문에, 이를 해소하기 위한 담론들이 지속되었으며, 교육이나 문화, 언론 등으로부터 인간 조작을 탈피해야 한다는 포스트모더니즘적 주장으로 발전하기도 하였다. 포스트모더니즘의 주제가 일부 인격의 고양에 대한 언급을 다루기는 하나, 주로 인간의 사고와 행동에 대한 사회구조적인 영향, 문화적인 영향, 급기야는 정신적인 측면의 영향 등의 방향으로 연구가 발전되었다. 마르크스사상은 유럽에서는 오래전에 쇠퇴하였으나, 한국을 비롯한 후발 자본주의 국가에서는 빈부격차에서 비롯된 불평등이 심한 까닭에 여전히 각광을 받고 있고, 우리나라에서도 좌파 사상이 깊은 뿌리를 내리고 있다. 이와 같이 서양철학에서는 인간이 중심이 되어야 하는 내용이 발전했지만, 인간성의 개발과 같은 내용은 언급이 거의 없다.

이성이나 인간 중심 사상은 면면히 이어 나오고 있으나, 한 시대의 사상은 출발 당시부터 어떤 가정에서 출발하기 때문에 논란의 여지가 없을 수 없고, 사회의 변천에 따라 낡은 사상으로 변화되어, 비판의 대상이 되고 있다. 서양철학을 보면 후대의 철학자들은 선대의 철학자들을 비판하며 자기의 사상을 전개시키곤 하는데, 시대의 변화와 더불어 그도 역시 후대의 철학자들로부터 비판을 받게 된다. 한 철학자의 주장은 시대와 상황을 반영한 것인데, 하나의 주장이 등장하여 유행하게 되면, 그 이후의 사회에서는 여러 가지 상황이 변화하고, 그전에는 생각할 수 없는 현상들이 나타나게 되면서 최초 주장이 비판받게 되는 것이다. 이런 현상이 반복되면서 여러 가지 사상들이 연이어 나타나게 되는데, 이들은 모두 당대에는 유용하지만, 세월이 흐르면서 적합하지 않게 되어 비판의 대상이 되는 것이다. 이런 현상 때문에 서양철학 책을 읽는 것은 서양철학의 변천과정을 알고 이해하는 데는 도움이 될 수는 있지만, 인격의 성숙에 도움이 되기에는 한계가 있다. 서양철학이 인류 역사의 중요한 국면을 담고 있지만, 주장하는 내용은 하나의 흐름에 지나지 않는 것들이 많다. 따라서 서양철학은 공부의 대상은 될 수 있지만, 자신의 인격 수양을 위해 의미를 되새겨 가면서 인생의 지침서로 삼기는 부족하다. 그뿐만 아니라, 서양철학은 관념적인 내용들이 많아 일반인들이 이해하기는 매우 어렵기 때문에 인간적인 깨달음을 구할 수 있는 일반적인 교육 내용으로는 부적합하다고 할 수 있다.

한편, 종교는 어디까지나 종교다. 즉 인간이 이해할 수 있는 범위를 초월하기 때문에 인격적 수양의 지침과는 목적이 다르다. 인간을 위한 교훈이 없는 것은 아니나, 사람이 이해하고 믿기 어려운 부분을 믿으라고 하기 때문에 갈등을 유발할 수밖에 없으며, 무조건적인 복종을 강요한다. 종교 서적은 인간성의 개발이 아니라 신의 존재를 부각하고, 그것이 옳다는 것을 강조하기 위한 서적이기 때문에 사람의 초점을 벗어난다. 종교를 믿는다고 고백하는 순간, 종교의 이름으로 안 되는 것이 없다. 어떤 비이성적이고 불합리한 이야기라도 인정하고 믿어야 한다. 인간성의 개발이나 판단은 필요 없고, 종교 지도자가 하는 이야기를 따라야 한다. 종교 지도자들이 때때로 심리적 폭력을 사용하더라도 의문을 제기할 수 없다. 종교의 부분으로 들어가는 순간, 개인의 인격이 존중되는 것이 아니기 때문에 인격의 수양과 거리가 멀다.

자기 사상의 기둥을 세워놓게 되면, 다른 사상이나 철학책들을 읽으면서 살을 붙일 수 있다. 그뿐만 아니라 여러 사상의 연관성이나 차이점들도 명확하게 식별할 수 있고, 역사의 변천에 따른 사상의 흐름이나 변화, 인과관계 등도 알 수 있게 된다. 음악이나 미술, 문학 등도 시대의 변천과 사상의 흐름에 따라 영향을 받았으니, 이들의 경향을 이해하고 감상하는 데에도 도움이 될 수 있을 것이다. 이렇게 하여 자기가 보유한 사상의 체계가 잡혀 나가면, 이후로는 어떤 책을 읽거나 지식을 습득하여도 이와 연관 지어 생각할 수 있고, 사상의 기둥이 풍요해짐을 느낄 수 있을 것이다. 자기의 사상체계가 일단 구축되고 나면, 접하는 책들을 사상체계에 따라 분류할 수 있는데, 가장 근간이 되는 책에서부터 별로 중요하지 않은 책에 이르기까지 분류가 가능하다. 어떤 책들은 고전이라고 하지만 내게 맞지 않는 책들도 있을 것이고, 어떤 책들은 그냥 그런 책이라고 여겨지는 책도 있을 것이다. 고전에는 속하지 않지만, 그와 유사한 메시지를 담고 있는 책을 식별할 수도 있을 것이고, 유명하기는 하지만 인간사에 별로 중요하지 않은 분야를 기술하면서 어렵게만 기술한 내용도 알 수 있을 것이다. 유명하기 때문에 사람들이 이해하려고 매달리지만, 인간사에 그것이 그렇게 필요한 내용이 아닌 것이 많다. 그 사상을 전달하는 사람은 중요하다고 강조하지만, 애초부터 잘못된 내용이거나 별로 중요하지 않은 내용도 많다. 유명한 사람들의 책이 도움이 되지 않는 책도 많다.

한국의 교과과정은 자라나는 청소년들이 어떤 가치관을 형성할 수 있게 하는 교육이 아니다. 어떤 주관을 가지고, 어떤 가치관을 가진 국민을 만들어야 하는 기준 없이 백화점식 교육 내용을 가지고 있다. 거기에다가 서양식 교육 시스템을 모델로 하고 있고, 서양식 민주주의를 지향하는 교육을 하고 있다. 따라서 자라나는 세대들은 자연스럽게 서양에 대한 선망과 동경을 가지게 된다. 한국 사람들이 대부분 여행 1순위로 서방 세계를 관광하는 것을 보면, 서양 문물을 체험하고자 하는 한국인들의 열망은 매우 높다 할 수 있다.

서양 문물이 선진문화를 선도하기 때문에 이들을 모방하는 것은 당연하다고 할 수 있겠고, 그들을 배우기 위해 많은 여행을 하는 것은 장려할 만하다. 그러나 외국 여행을 할 때 유의해야 할 사항은, 여행을 통해 우리가 외국에서 보는 것은 그들이 이룩해 놓은 외형적인 모습만을 보는 것이지, 그들의 정신적 지주나 내면의 문화를 체험하기 어렵다는 점이다. 인류 역사에서 서양 세계는 위대하고 중요하기도 하지만, 그들 나름대로의 지키는 정신이 있다는 것을 알아야 한다. 각 나라마다 다르기는 하지만, 그들은 내면적으로 어떤 가치를 지키고 있다. 사회질서 의식이나 인간적인 행동 양식에서의 매너, 개인 이익을 추구하면서도 공동체의 아름다움을 유지하려고 하는 정신, 거짓말을 싫어하는 것과 같이 약간은 미련한 것도 같지만 사회를 유지하고 있는 꾸준한 정신이 있음을 느낄 수 있어야 한다. 국가나 사회 시스템의 유지에서도 일정한 가치를 준수해야 하며, 그러한 테두리를 벗어난 행동을 절대 용납하지 않는 엄격함도 있다는 것을 동시에 배울 수 있어야 한다. 짧은 시간 관광을 다녀오는 한국 사람이 이런 것을 발견하고 느끼기는 어렵다고 생각된다. 서양의 외형적인 것을 구경하고 오는 것도 좋지만, 그들의 정신적인 면을 배워오는 것도 필요한데, 우리는 그런 면이 매우 약하다.

한편, 서양인들의 전통에서 찾아보기 어려운, 인성 발달에 도움이 될 수 있는 노자나 공자의 사상이나 불교의 철학적 가르침과 같은 내용을 한국에서는 교육하지 않기 때문에, 우리의 청소년들은 가치관의 근간이 될 수 있는 내용을 접하지 못하고 자라게 된다. 우리 한국인의 전통적인 정서와 관련이 깊고, 한국인이기 때문에 쉽게 이해될 수 있는 동양철학의 내용들은 접할 수 있는 기회조차 없기 때문에 인간적 방황을 하게 된다. 오늘날 서구 사회에서도 많이 연구되고 있는 동양철학의 내용들이 한국에서는 보편적으로 교육되지 않고 있으며, 대학에 가서 수강신청을 해야 비로소 공부할 수 있으니, 그 내용을 접할 수 있는 사람의 수도 제한되어, 한국 사회의 문화로 발전할 수 없다. 결과적으로 겸손과 배려, 희생과 솔선수범, 나서지 않아도 행복한 아름다운 사회와 같은 문화를 습득하고 건설하기 어려운 것이다.

백화점식 교육을 하는 한국에서는 어떤 일정한 가치관을 가지도록 유도하기 위한 교육이 부족하다. 좋은 것만 수입하다 보니, 어느 한쪽에 치우친 교육으로 인해 갈등이 유발될 가능성이 있기 때문인지도 모르겠다. 종교의 자유가 있는 반면, 어느 한 종교로 수렴할 수 없기 때문에 사회가 통합되기 어려운 것과 마찬가지이다. 한국 사회는 같은 국민이면서도 동일한 사고로 수렴될 수 없는 길로 점점 더 나아가고 있다. 인권과 민주화의 미명하에 각 개인과 소규모 단체가 모두 자기주장을 하고 있어, 나라는 점점 더 분열되고, 통합의 길은 요원하다. 과거에는 생각할 수 없는 주장들이 요즘에는 정당화되고 있으니, 개인과 단체의 요구와 고소가 무서워 추진력을 발휘할 수 없다. 이런 사회에 태어나서 자라는 사람들이 인간 삶의 최고의 가치와 인격적 성숙을 추구하기는 쉽지 않다. 어떻게 사는 것이 제대로 사는 길인지 일찍부터 교육되었더라면, 고민할 필요도 없을 것이고 시행착오를 하면서 고생도 하지 않을 수 있겠지만, 접할 기회가 없으니, 그 길을 발견하기도 쉽지 않다. 학교 교육에서 다양한 사상을 소개하는 것도 좋지만, 우리에게 적합한 우수한 사상을 집중적으로 교육하여, 훌륭한 자질을 보유한 국민을 양성시키는 것이 필요하다.

일반적으로 지식과 교양을 높이기 위해서 독서를 강조하지만, 일반인이 어려운 내용을 책으로 이해하기는 쉽지 않다. 인문사회과학 서적은 용어와 개념이 어렵고, 동서고금을 망라한 공부를 요구하기 때문에 접근하기도 쉽지 않다. 또한 외국어나 번역서를 봐야 할 수도 있고, 책의 분량도 많으며, 딱딱한 내용이기 때문에 재미있게 읽기도 곤란하다. 인문·사회과학 책도 결국은 사람 사는 것에 대한 이야기이기 때문에 이해하고 나면 별것이 아니나, 접근성을 떨어지게 한다. 이럴 때에는 요즘 발달해 있는 유튜브 강의를 듣는 것이 좋은 방법이다. 유튜브에서는 전문가가 나와서 대학 수업 못지않은 강의를 해주고 있으니, 처음 접하는 사람들은 어렵지 않게 개략적 지식을 얻을 수 있을 것이다. 이들의 강의를 듣고 관련 서적을 참고한다면 친숙하게 필요한 지식을 얻을 수 있다.

철저한 이기주의로 그릇 키우기

어떤 교육기관에 학생들이 모여서 교육을 받는다. 교육은 오전 4교시, 오후 2교시까지 있으며, 오후 수업은 3:30에 끝난다. 수업이 끝나면 일부 학생들이 수업의 지루함을 달래기 위해 학교에 마련되어 있는 테니스 코트에서 저녁때까지 테니스를 치는데, 테니스 코트 수가 부족하다 보니 수업 끝나자마자 학생들은 테니스 코트 확보를 위해 달려간다. 열성적인 사람은 열심히 달려가서 코트를 확보하고 그렇지 않은 사람은 천천히 나와서 빈자리가 있으면 참여하거나 애초부터 포기하여 나타나지 않는다. 그래서 한 달 정도 지나면 코트에는 거의 일정한 사람들이 나타나게 되고, 이들이 서로 팀을 바꿔가며 운동을 한다. 그렇다고 다른 사람의 참여가 제한되어 있는 것은 아니다. 다른 사람도 일찍 코트에 나오면 같이 운동할 수 있다. 다만, 지속적으로 나타나는 사람들은 테니스에 열성이어서 거의 매일 수업 종료와 함께 열성적으로 코트에 나타나는 것뿐이다.

이렇게 두세 달 지나가면 주위에서 열성적인 사람들이 이기적이기 때문에 코트를 양보하지 않는다는 소리가 나오기 시작한다. 열성적인 사람들은 이런 소리가 나오는지도 알지 못하며, 그저 모두에게 개방되어 있는 운동을 하기 위해 적극적으로 참여한 것밖에 없는데, 자기도 모르게 이기적인 사람이 되어 있는 것이다. 코트에 나오지 않는 사람들은 운동하고 싶은 의사 표현도 하지 않았기 때문에 그들의 의사를 알 수도 없다. 코트를 확보하기 위한 적극적인 노력을 하지도 않았다. 공적 혹은 사적으로 공평하게 분배하자는 말이 나온 적도 없다. 사실 그들은 그다지 운동에 열심이 아닌 사람들이란 것을 자타가 다 알 수 있는데도 그런 소리를 한다.

이것은 한국민 의식 구조의 한 단면을 나타낸다. 열심히 하는 사람은 자기도 모르는 사이에 욕을 먹게 되는 것이다. 모두 똑같은 가치를 소유하기 위해 열심히 노력하지만, 그 경쟁에서 뒤처지거나 애초부터 포기한 사람들이 열심히 노력한 사람을 비난하는 것이 한국 사람의 정서다. '사촌이 논을 사면 배가 아프다'라는 속담은 이렇게 나온 것이다. 청년들 모두 대기업에 들어가기를 원하면서도, 대기업에 들어가지 못하면 대기업을 비판하는 것이 한국의 현실이다. '한국민은 배고픈 것은 참아도, 배 아픈 것은 못 참는다'라고 흔히들 하는 말이 한국인의 정서다. 그러면서 노력해서 높은 위치에 있는 사람들에 대해 좋지 않은 감정을 가지고, 그들의 노력이나 자신들의 능력 또는 노력 부족을 이해하거나 인정하지 않고, 폄하하려고 한다. 자신들의 처지를 자신들의 노력 부족으로 돌리지 않고, 사회 구조를 탓하거나 남을 비난한다. 특히 요즈음은 모두 대학을 졸업하여, 바라는 이상은 높은데 현실은 그에 따라주지 못하니 사회적 불만으로 표출한다.

사회적인 문제로 발전하는 것은 그렇다 치고, 우리가 일상생활에서 만나는 사람과의 관계도 이런 현상들이 종종 발생한다. 능력껏 노력하다가 탈락되었을 때, 선발된 사람을 축하하고, 자신의 능력 부족을 인정하면서 쿨하게 미련을 남기지 않는 국가의 국민들도 있지만, 한국 사회에서는 이런 분위기를 항상 기대하기는 어렵다. 심한 경쟁 속에서 살아온 한국민이기 때문에 이런 현상이 발생하는 것이 아닐까 한다. 때문에, 어떤 분야에서든지 남들보다 잘하면, 주위로부터 욕먹을 가능성이 있다는 것을 염두에 둬야 한다.

또한 우리는 주위에서 소탐대실(小貪大失)형 사람들을 종종 볼 수 있는데, 자신이 그런 사람이 아닌지 살펴볼 필요가 있다. 사람은 이기적인 동물이기 때문에 자신에게 이익이 되는 것을 즉각적으로 추구하려는 경향이 있는데, 다른 사람의 입장에 대한 고려나 배려심이 없어서 작은 이익이라도 먼저 추구하려고 하기 때문에 상대방의 빈축을 사는 경우가 있다. 눈앞의 이익에 눈이 멀어 자신이 어떻게 비칠지 모르며, 남들이 어떻게 생각할지에 대한 의식 없이 이런 행동들을 한다. 이러한 행동은 종교의 깊이, 학식의 높고 낮음, 나이의 과다, 지휘의 고하를 막론하고 일어난다. 사소한 이익에서부터 큰 이익에 이르기까지 종류와 정도의 차이는 있을지라도, 자신의 이익 앞에서는 매우 적극적이 되는 사람을 볼 수 있다. 이들이 입으로는 양보나 배려를 이야기할 수 있지만, 인간 됨됨이의 그릇이 작기 때문에 아주 작은 양보를 양보라 하고, 자신들의 이익 추구는 당연한 것으로 여긴다. 멀리서 보면 소탐대실이 분명한데, 본인이 인식하지 못하니 안타깝다. 이런 사람일수록 말이 많고, 그때그때 논리가 달라지며, 불필요한 말을 많이 하는데, 그릇이 큰 사람의 입장에서 보면 말없이 가만히 있는 것이 본인을 위해서 훨씬 낫다.

소탐대실형의 사람들은 때때로 전체를 망치는 역할을 하기도 한다. 자기의 사소한 이익에 몰두한 나머지 더 큰 기준에서 운영되는 전체를 비판하고 목소리를 높여 전체에 균열을 만든다. 작은 이익의 관점에 있어서는 옳다고도 할 수 있기 때문에 이에 동조하는 사람들도 있게 마련이고, 이들은 전체를 위한 희생이나 개인적 이익 추구가 몰고 올 후유증은 생각하지 않고, 오로지 눈앞의 이익 쟁탈을 위해 전력투구한다. 전체를 위해 희생했던 사람들은 이들과 싸우기 싫어 양보하지만, 결국 전체의 조화가 깨지고 운영이 불가능하게 된다. 시간이 지날수록 문제가 심각해지지만 전체는 이미 깨진 상태이고 결국 그동안 유지해 오던 전체만 없어지는 결과를 초래하기도 한다.

이런 사람들은 말을 하지 않는 편이 훨씬 본인에게 유리하다. 말을 하면 할수록 자신의 그릇이 작다는 것만 노출하게 되니, 누워서 침 뱉기가 될 가능성이 크다. 종종 격언이나, 종교적 가르침을 섞어가며 말을 하는데, 결국은 자기 이익의 합리화에 국한되고, 상대방의 입장이나 전체에 미치는 영향은 고려하지 않는다. 사람의 그릇은 타고난 것에 영향을 많이 받아서 나이가 들어도 별로 고쳐지지 않으니, 어른이 되어서도 그렇다면 가정과 사회에 많은 불편을 초래하는 존재가 된다. 특히 이런 사람들은 자기가 하고 싶은 말을 참지 못하고 해야만 직성이 풀리기 때문에, 분위기 깨는지도 알지 못하고, 하고 싶은 말을 하여 주위를 불편하게 만든다.

이런 사람들은 자신의 말로 자신을 욕먹이는 행위를 하기 때문에 그런 행위를 시정하여야 하는데, 그러기 위해서는 먼저 자신이 그런 사람인지를 알아야 한다. 어떻게 그것을 알 수 있을까? 위의 첫 번째 경우를 알아차리기에는 시간이 필요하다. 그것은 한국 사람의 특성이 이렇다는 것을 깨닫는 데 시간이 걸리기 때문이다. '사촌이 땅을 사면 배 아프다'라는 속담은 자라면서 익히 듣는 말이지만, 그것이 나의 주위에서도 벌어질 수 있는 일이며, 내가 그 대상이 될 수 있다는 생각을 하기는 쉽지 않다. 어린 시절이나 청소년기에는 이런 생각이나 현상 없이 천진난만하게 그 시절을 보낸다. 이때까지는 대부분 모두 순수한 마음으로 살기 때문에 상호 간에 이런 생각 없이 산다. 그러다가 어른이 되면서 추구하는 가치가 적고 경쟁자는 많게 되기 때문에 순수한 마음은 점차 사라지고, 시기심이 생겨나게 된다. 그러면서 자신의 실력이나 노력 부족보다는 남을 탓하는 마음이 자연히 발생하게 되는데, 이런 감정을 몇 번 겪다 보면 자연스럽게 남을 미워하는 마음이 생기게 되는 것이다. 순수한 마음으로 열심히 노력하여 자기가 원하는 바를 이룬 젊은이는 이런 마음을 가지지 못하게 될 가능성이 크다. 그는 열심히 살았기 때문에 자신을 자랑스럽게 생각하며, 주위로부터 칭찬과 부러움의 대상이 되겠지만, 한편으로는 자신도 모르게 시기심의 대상이 될 수 있다는 것을 염두에 두어야 한다. 그 시기심은 자신을 잘 아는 사람들로부터 생기며, 본인이 그것을 깨닫는 데에는 시간이 걸릴 것이다. 다른 사람과의 형편의 차이가 생기면서 그가 순수한 마음으로 언급한 말도 다른 사람에게는 상처를 줄 수 있다. 아무렇지도 않게 내뱉는 말이 화살이 될 수 있는데, 이런 상황을 본인이 인식하기에는 시간이 걸리며, 빠르게 인식할수록 좋다. 그가 접하는 모든 부분에서 이런 현상이 일어날 수 있다는 것을 알아야 하며, 알지 못하면 욕을 먹는다. 어디서 어떤 사람이 어떤 경우로 자신을 비난할지 알 수 없다.

두 번째 소탐대실의 경우에도 이런 사람들은 최소한 자신이 그렇다는 것을 알아야 한다. 그렇지 않으면 자신이 그런 이유에서 욕먹는다는 것을 모르고 평생을 살기 때문이다. 이런 사람들은 대개 순진한 사람들이다. 순진하기 때문에 자신의 본능이 시키는 대로 착하고 열심히 사는 사람인데, 결과적으로 욕을 먹게 되니 안타까운 일이다.

자신이 소탐대실형이라는 것을 어떻게 알 수 있을까? 한국 사람들은 상대방의 결점에 대해 결코 이야기하지 않는다. 상대방의 결점을 이야기해서 그와 서먹해질 이유가 없기 때문이다. 그래서 대충 둘러대면서 그와의 직접적인 충돌을 피하려고 한다. 그런 사람은 노련하기 때문에 작은 것을 탐내는 사람이 알아채지 못하게 한다. 그럼에도 본인이 그렇다는 것을 아는 방법은 있다. 대화하던 사람이 갑자기 대화를 서둘러 마무리하려고 하거나, 에둘러 다른 말을 하거나, 지금까지 하던 대화의 페이스를 바꾸거나, 대충 본인의 말을 긍정하여 그 주제에 관한 대화를 빨리 종료하려고 하는 등 방금까지의 대화 분위기를 다르게 바꿀 경우가 그러한 경우임을 알아야 한다. 다른 방법으로는 주위에 본인이 생각할 때, 인격적으로 훌륭한 사람이라고 생각되는 사람이 있을 것이다. 이 사람과 함께 있을 때, 이 사람이 서둘러 대화 분위기를 바꾸려고 주제를 돌리거나, 말을 가로막고 이야기할 때에는 이 사람이 무언가를 의도하고 있다는 것을 알아채야 한다. 그 사람은 본인의 조그만 이익 추구로 전체 분위기가 잘못되어 가는 것을 인식하고 그것을 바로잡으려 하고 있는 것이다. 매우 드문 경우로 본인의 성격에 대해 직접 말할 때가 있다. 본인의 성격에 대해 단도직입적으로 이야기하는 경우는 드물겠지만 전혀 없는 경우도 아닐 것이며, 대개는 다른 말 도중에 지나가는 말로 자신의 성격에 대한 말을 할 수 있다. 자신에 대한 지적인데, 그것을 놓치지 않아야 한다. 그렇기 때문에 이러한 예들을 인식하기 위해서는 본인이 예민해야 된다. 주위의 반응에 민감해야 알아차릴 수 있는데, 사회생활에서는 이런 민감한 상황들에 대한 인식의 여부가 큰 변화를 초래할 수 있다는 것을 알아야 한다. 이럴 때 적절히 대응하면 괜찮은 사람이 되고, 신호를 놓치고 자신의 이익에 급급한 반응을 하면 주변으로부터 나쁜 평가를 받으며, 심지어는 비난을 받게 된다. 성장한다는 것, 어른이 된다는 것은 이런 민감한 문제에 적절히 처신할 수 있게 되는 것이라고 할 수 있다.

이런 현상들을 어떻게 고칠 수 있을까? 어떻게 하여야 불같이 순식간에 일어나는 이기적인 본능 그대로 반응하는 것이 아니라, 주위와 잘 조화되며, 덕(德) 있고 내공 있는 반응을 할 수 있을까? 우리의 반응은 깊게 생각한 후 나타나는 것이 아니라, 순간적인 상황에서 순간적인 반응으로 나타난다. 남을 평가하듯이 자신을 평가할 수 없고, 생각할 겨를도 없이 나도 모르게 반응이 나온다. 이런 즉각적인 반응을 제어하고 통제해야 하건만, 나 자신도 어쩔 수 없다. 이런 행동을 고치기 위해서는 생각을 바꾸고 평소부터 훈련을 해야 한다. 본능적 행동을 교정하기 위해서는 이성의 힘을 동원해서 생각을 바꾸고, 바뀐 생각이 새로운 본능이 되도록 해야 한다.

본능을 바꾸기 위해서 인간의 이기적인 생각에서부터 출발해 보자. 순간적인 이기심에서 일어나는 이기적 본능을 억제하려고 노력하는 것이 아니라, 그 이기심을 이용하여 생각하고 훈련하는 것이다. 무조건 억제하는 것이 아니라 인간의 본능인 이기심을 이용하는 것이 훨씬 더 타당하고 이해하기 쉽다. 원초적인 본능에 의해 주변 사람들보다 먼저 어떤 것을 가지려고 할 때, 내가 먼저 가지려는 것은 1차적인 목적을 만족시키는 것이다. 반면, 주변 사람들은 자기들도 똑같이 먼저 가지려고 노력했음에도 불구하고, 먼저 가진 사람을 욕하고 싶은 마음이 든다. 그리고 이런 마음은 나중에 미운 마음으로 발전한다. 이런 사람들은 당시에는 어쩔 수 없어 수긍하지만, 뒤에서 그 사람을 험담하거나, 자기들끼리 동질감을 형성하는 동시에 가진 사람에게는 배타적이게 된다. 그리고 그 배타성은 여러 사람과 공유하고 싶어지며, 관련 없는 사람에게까지 전파하여, 모르는 사람에게도 부정적 이미지를 갖게 한다. 이와 같은 메커니즘이 경쟁적인 한국 사회에서 흔히 일어나는 일이며, 최초 열심히 했던 사람은 본인도 모르게 매도되는 결과를 초래한다. 반응이 이와 같이 전개된다면, 그는 1차적인 목적 달성으로 더 많은 것을 잃게 되는 것이다. 이와 같이 전개되는 것을 안다면, 그는 1차적인 목적을 포기했을지도 모른다. 그 목적이 별로 중요하지 않다면, 당연히 그것을 남에게 양보했을 것이다. 한국 사회에서는 자신도 모르게 소문이 퍼지는 경우가 많은데, 어떤 행동을 할 경우에 이와 같은 면도 염두에 둔다면, 그는 모든 사람이 달려드는 1차적 목적을 추구할 것인지의 여부를 고민하게 될 것이다. 한국 사람이 술자리에 끝까지 남아 있는 이유에는 이러한 이유도 분명히 있다. 자신이 빠지면 자신에 대한 험담이 나올 수 있기 때문이다. 본능을 순간적으로 억제하기 힘들다면, 보다 큰 이익이 무엇인가를 생각하면서 훈련하면 된다. 철학에서 이야기하는 본능의 억제나 절제가 아니라, 본능을 이용하는 것이다. 보다 큰 이익도 본능이기 때문에 이 이기심을 이용하면, 1차적 본능을 통제할 수 있다. 소탐대실하다가 몇 번 눈치를 당한 경험이 있는 사람이라면, 새로운 이익의 관점으로 접근하는 것이 쉬울 것이다. 그는 원래 이익 계산에 빠른 사람이니까 이런 훈련은 그 사람의 특성에도 부합된다.

이런 생각에 동의가 된다면, 그다음에는 훈련을 해야 한다. 눈앞의 이익을 순간적으로 포기할 수 없기 때문에 훈련이 필요한 것이다. 눈앞에 이익이 지나가는데, 몇 단계 후에 일어날 가능성이 있는 일을 동시에 생각하기란 쉽지 않다. 그 단계를 생각하는 것조차 쉽지 않다. 그렇기 때문에 훈련이 필요하다. 처음에는 잘되지 않더라도 몇 번 시행착오를 거치고, 그때 '왜 그랬지' 하는 반성을 하다 보면 점차 순간적인 결정을 내릴 때에도 여러 가지 메커니즘을 동시에 생각할 수 있게 될 것이다. 시간이 지날수록 더 큰 이익을 먼저 생각하는 습관이 생길 것이고, 짧은 순간에도 동시에 여러 생각이 가능하게 될 것이다. 이런 습관이 쌓이면, 그것이 자연히 자신의 본능이 되며, 이기적인 본능에 부합된다. 작은 이익 쟁취에 머리를 잘 굴리면 영악하다는 소리를 듣고 환영받지 못하지만, 큰 이익을 먼저 생각하는 사람은 작은 이익에 나서지 않으니, 내공이 있다는 소리를 듣고, 호감을 준다.

이와 같이 생각하는 것은 그 사람의 이익 추구의 대상이 1차적 이익에서 보다 더 큰 이익의 관점으로 옮겨가는 것을 의미하며, 이익 추구의 대상이 더 크고 넓어졌다는 것을 의미한다. 즉 생각하는 그릇이 커짐을 느낄 수 있을 것이다. 이와 같은 사고의 습관은 결국 그 사람의 그릇을 크게 만들어 본능도 그렇게 변화시킬 수 있게 되는 것이다. 그런 단계가 되면, 그는 과거의 그와 같았던 소탐대실형의 인간을 식별할 수 있게 될 것이며, 자신의 과거가 부끄러울 것이다. 긴 세월 동안의 훈련을 한다면 그는 사소한 욕망을 탈피하고 더 큰 것을 볼 줄 아는 인간으로 다시 태어날 수 있다.

이러한 생각의 발전이 점점 더 심오해지면, 많은 사람이 추구하려고 달려드는 가치에 몰입하지 않아도 무방하다는 경지까지 발전할 수 있을 것이다. 즉 불필요한 것을 가지려고 애쓰고 노력할 필요가 없으며, 자신의 안전한 쾌락과 건전한 신체의 보존이 가장 행복하며, 제일 중요한 가치라는 것을 알 수 있게 될 것이다. 이 사람이 중요하게 생각하는 가치는 다른 사람들의 그것과 다르며, 많은 사람이 원하는 가치를 타인에게 주어도 별문제가 없기 때문에 양보할 수 있다. 현재 눈앞에 있는 문제에 직면해서도 그 문제로 인해 파생될 수 있는 몇 단계 이후의 결과까지 순간적으로 동시에 생각할 수 있기 때문에 현명한 판단을 할 수 있게 된다. 그리 중요하지 않다고 생각되는 가치들을 타인에게 양보하는 것은 별문제가 되지 않는다.

이런 경지에 이르면 자신의 이익을 챙기는 것보다, 타인을 위해 또는 타인과 함께 동반 행복한 것이 더 좋은 행복이고 아름다운 모습이라는 것을 발견할 수 있다. 그리고 그러한 모습을 이루어 나가는 것이 자신에게도 행복하다는 것을 느끼게 된다. 그렇기 때문에 사람은 헌신과 희생을 할 수 있다. 자기에게 크게 손해가 되지 않는 범위 내에서, 또한 자신이 제공할 수 있는 노력을 통해서, 남을 위해 희생하면서도 기쁜 마음으로 전체를 위해서 봉사할 수 있다는 마음이 생긴다.

그런데 그런 마음이 생기는 것과 실제로 행동을 하는 것은 다르다. 선한 마음이 선한 행동으로 직결되기 위해서는 용기가 필요하다. 수고하지 않아도 편하고 행복할 수 있는데, 타인이나 전체를 위해서 굳이 희생을 자처할 필요가 있느냐에 대한 의문이 들 수 있으며, 이를 극복해야 하기 때문이다. 행동하기 위해서는 용기를 내어 실천의 문으로 큰 걸음을 내디뎌야 한다. 실천의 영역이란 생각만 있는 영역과는 아주 다른 차원이며, 현실적으로 닥쳐오는 어려움을 아무 불평 없이 감수해야 하는 차원이다. 알아주지 않는 일을 해야 하는 차원이며, 그 일이 잘못되었을 때, 불평도 감수해야 하는 차원이다. 남이 차려놓은 밥상에 숟가락만 얹는 사람들은 그러한 어려움을 전혀 모르기 때문에 자기 마음에 맞지 않으면 불평하기가 쉽다. 그런 사람들의 반응까지 고려해서 일을 해야 한다.

자신의 약간의 희생으로 전체를 위해 봉사할 수 있다면 그것은 좋은 기회다. 보통 사람들은 남을 위해서 불필요한 희생을 하려고 하지 않는데, 그들은 본인들을 위해 좋은 이미지를 쌓을 기회를 놓치고 있는 것이다. 아름다운 모습으로 전체가 제대로 돌아가려면 몇몇 사람들의 희생이 필요한데, 사람들은 이렇게 희생하는 사람들에게 립 서비스로라도 수고한다는 말을 해준다. 빈말이라 하더라도 그것은 좋은 카르마를 쌓는 일이다. 항상 낮은 자세를 유지하고 그들을 위해 서비스한다는 자세를 견지할 때, 그것이 누적되다 보면, 주변 사람들에게 선한 이미지가 각인될 수 있다. 이렇게 각인된 선한 이미지는 마치 나쁜 말이 자신도 모르게 주변으로 퍼지듯, 자신도 모르게 좋은 영향으로 확산될 수 있다. 최소한 욕은 먹지 않을 수 있으니, 그 점은 안심이고, 표현은 하지 않더라도 알아줄 사람은 알고 있으니 덕(德)이 쌓이는 것이다.

내가 이만큼 봉사했다고 공치사하고 싶은 마음을 가져서는 안 된다. 그냥 주변을 위해 할 일을 한 것에 지나지 않을 뿐, 본인은 전혀 그런 마음이 있어서는 안 된다. 그런 마음이 있다면, 일을 그만두는 것이 좋다. 봉사한다는 생각으로 일을 한다면, 남들이 알아주지 않을 때, 서운하거나 화가 날 수도 있는데, 원래 남들이란 다 그런 것이고 그것이 자연(自然)이다. 인정을 받으려고 한 일이 아니며, 보통 사람인 타인들을 상대하려면 애초부터 그런 것을 각오하여야 한다. 그런 마음이 생긴다는 것은 자기의 생각이 짧다는 것을 의미하며, 더 수련해야 한다.

이런 생각을 가지다 보면, 자기를 내세우지 않고, 양보하고, 남을 위해 봉사하며 사는 생활이 결국은 자기를 위해 사는 것이 된다. 유아적이기심을 보유했을 때 남이 제공해 주는 조그만 가치의 선점에 만족스러워했다면, 변한 모습에서는 타인을 위해 자신을 희생하여 전체를 아름답게 만들기 위해 노력하는 것에 만족을 느끼는 것이다. 철저하게 이기적이게 된다는 것은 결국은 주변을 위해 자기를 희생하는 것이 되고, 그만큼 자기의 그릇이 커진 것이 된다. 철저하게 이기적이게 되면 그릇이 커져, 어떤 현상을 바라보는 관점이 달라지게 되고, 그에 따라 자신의 행복의 조건도 달라지게 된다. 그렇게 되면 사소한 이익추구에 매달리지 않고, 주변으로부터 욕을 먹지 않을 수 있으며, 오히려 고마운 생각을 가지게 할 수 있다. 직접 칭찬을 하지는 않더라도 사소한 반응을 통해서 느낄 수 있을 것이다. 자신을 그렇게 바꾸기 위해서는 이기심에 대한 생각을 바꾸고, 부단한 훈련을 통하여 자신을 변화시켜 나가야 한다. 그러면 선한 영향력을 주는 사람이 되어, 본인도 성장하고 주변도 아름다워질 것이다.

자기의 욕망을 앞세우지 않을 만큼 나의 그릇을 키우기 위해서는 그렇게 살 수 있도록 자신의 삶을 만들어 놓는 것도 중요하다. 세상에 대해 염세적으로 초연한 것은 미흡하며 옳은 태도라고 할 수 없다. 세상을 다 알 수는 없지만, 알아야 할 것은 알 필요가 있고, 미리 경험해 볼 필요가 있다. 세상을 알기 위해서는 여행을 하라는 말도 있듯이 호화스러운 여행이 아니라 세상 구경을 할 수 있을 정도의 여행을 할 필요는 있다. 사람들이 일반적으로 추구하는 가치는 대개 공통적으로 정해져 있는데, 그런 기본적인 것들을 경험해 보는 것이 필요하다. 그런 경험을 통해 일반적으로 사람들이 원하는 가치가 어떤 것인지 알아볼 수도 있고, 자신의 경험의 지평을 넓힐 수 있다. 경험하지 않고 생각만으로는 느낄 수 없으니, 그 느낌을 알기 위해 자신이 경험해 봐야 한다. 이렇게 함으로써 자신을 위한 가치관도 정립하고, 자신의 그릇도 키우는 한편, 모두가 추구하는 세상의 가치를 이해하여 이에 초연할 수 있는 상황도 만들 수 있다.

다른 사람에 맞추어 살기

사람의 본능은 이기적이다. 이기적 욕망은 많은 철학적 주제에서 보듯이 인간의 부정할 수 없는 고통의 근원이 되기도 한다. 욕망을 억제하기란 매우 어렵고 불가능하기 때문에 욕망을 억제하기 위해 여러 가지 철학도 나오고 종교도 탄생하였다. 그럼에도 불구하고 욕망은 사라지지 않으며, 현대 사회에서 살려면 욕망의 억제가 타당한 것도 아니다. 욕망이 행동으로 나타나기 때문에 사람의 행동을 이해하기 위해서는 욕망의 원인을 이해해야 한다.

그러나 인간의 기본적인 욕망인 이기심을 이용하면 사람의 그릇을 키울 수 있다. 작은 욕망을 추구하다가 더 큰 손해를 볼 수 있다는 것을 인식한다면, 사람들은 조그만 욕망의 추구 이전에 어떤 것이 자신에게 더 이익이 될 수 있을지를 생각하게 될 것이다. 욕망의 억제는 불가능할지라도, 더 큰 이익을 위해 눈앞의 욕망을 참는 것이 불가능하지는 않을 것이다. 이런 것을 몇 번 겪고, 되새겨 보노라면 자기도 모르게 훈련이 되어가고 있음을 느낄 수 있다. 사소한 이익이나, 자신의 주관을 통제하지 못해 불쑥불쑥 이야기하는 사람들이 눈에 보이게 되면, 자신이 어느 정도 성장해 있다는 증거가 된다. 몇 수 앞은 아니더라도, '이것은 아닌데…'라는 생각이 들면 사람은 그만큼 성장한 것이다. 사람에 따라 내공이 깊은 사람도 있고, 그렇지 않은 사람도 있는데, 적어도 내공이 성장할 수 있는 길로 들어섰다고 할 수 있다.

다른 사람이 보이면, 그만큼 자신이 순간의 욕망에 얽매이지 않고, 다른 사람의 반응을 기다리거나, 자신이 그 욕망에 대해 생각할 수 있는 여유가 생겼다는 것을 의미한다. 훈련을 하면 그 판단은 순간적으로 이루어질 수 있다. 그러면서 다른 사람을 보는 눈도 발전한다. 이렇게 생활하다 보면 점점 이 세상에는 정말 많은 종류의 사람이 있다는 것을 발견할 수 있게 될 것인데, 이 사람들이 자신의 내공을 더 깊게 해주는 깨달음을 제공할 수 있다. 눈앞의 이익에 매달릴 때는 볼 수 없었던 사람들의 종류가 보이게 되는데, 수많은 사람들이 정말 수많은 말과 행동을 하고 있고, 미세하지만 조금씩 다른 면을 가지고 있다는 것을 알게 될 것이다. 어떤 것은 같으면서도 어떤 것은 다르고, 이해할 수 있을 것 같으면서도 이해할 수 없는 부분이 있다. 겉으로는 멀쩡한 것 같지만, 조금만 알아보면 전혀 엉뚱한 사람도 있다. 세상은 정말 사람들의 백화점이다. 길을 갈 때 스치는 사람, 지하철 같은 칸에 탄 사람들이 모두 다른 사람들이고, 각자의 생각 또한 다를 것이다. 이렇게 자기의 순간적인 욕심을 버리면 세상이 보이게 된다.

어떻게 사람을 파악할 수 있을까? 사람을 가장 잘 파악할 수 있는 방법은 위기의 순간에 그 사람이 어떻게 행동하는가를 보는 것이다.

위기의 순간에 사람은 사회적 처신이나 체면을 벗고 본성에 따라 행동하기 때문에 가장 잘 파악할 수 있다. 그러나 그러한 위기의 순간은 자주 오지 않으니, 사람의 깊은 내면을 파악할 수 있는 기회는 많지 않다. 이 위기의 순간에는 그동안 믿었던 사람도 다른 행동을 할 수 있으니, 아무리 평소에 믿을 수 있다고 여겨지는 사람도 끝까지 조심해야 한다. 위기의 순간에도 믿을 수 있는 행동을 한다면 그 사람은 평생 친구로 삼을 수 있는 사람이지만, 위기의 순간에 반대의 행동을 한다면, 그 사람은 그동안 처신만 해 온 것이며, 안타깝지만 버려야 한다. 따라서 사람을 완전히 믿을 수 있다는 계기가 찾아올 때까지는 철저히 조심하여야 한다.

위기가 아니더라도 사람의 본성을 파악할 수 있는 방법은 그 사람의 말과 행동을 보는 것이다. 모든 경우에 사람은 어떤 상황에서는 어떻게 행동한다는 나름대로의 행동 양식이 있다. 그 사람의 언행이 그 기준에서 벗어날 경우, 그 사람은 평소와 다르게 행동한다는 것을 알 수 있으며, 알아야 한다. 대개 사람은 몇 가지 범주에 의한 행동을 하는데, 그 범주 내에서 파악이 가능하나, 때때로 아주 예외적인 사람들을 만날 수 있다. 그 밖에도 사람의 반응, 선택, 복장이나 외모 등으로 그 사람을 파악할 수 있다.

이렇게 사람을 파악하다 보면, 한편으로는 사람을 파악하는 즐거움도 생길 수 있다. 안타까운 것은 사람을 파악할수록 좋은 사람보다는 불편한 사람들이 더 많다는 사실이지만, 어쨌든 평소에 알고 지냈던 사람이라도, 그 사람의 약간의 말이나 행동을 통해 그 사람을 새롭게 파악할 수 있는 눈이 생길 것이다. 세상 구경을 하는 것도 좋지만, 사람 구경을 통해 좋은 사람을 발견하는 것도 큰 기쁨이다. 자기에게 맞는 사람을 발견하는 것은 결코 쉽지 않다. 유유상종이라는 말도 있듯이 사람은 자신과 비슷한 사람과 어울려 다니게 마련인데, 좋은 사람이든, 범죄자든 자신과 유사한 사람에게 이끌리고, 말이 통하고, 같이 어울리는 것이 자연스럽다. 다만, 그 어울림이 부정적이 어울림이 아니라, 인격적으로 수양이 된 사람을 만나야 한다. 자신의 내공이 깊고, 큰 그릇의 사람이라면, 그런 사람을 알아보고, 같이 어울리게 될 것이다.

사람의 파악은 때로는 인생의 성패를 좌우할 만큼 매우 중요하다. 종종 유명한 사람이 사람을 잘못 만나 결혼이나 사업에서 실패했다는 뉴스를 접하곤 하는데, 이들은 그만큼 사람을 제대로 판단할 수 없었거나, 욕심에 눈이 멀어서 상황을 제대로 바라보지 못하고 달콤한 이야기에만 귀가 솔깃했기 때문이다. 공부를 열심히 하여 시험을 통과하는 등 어떤 관문을 뚫고 나가는 것이나, 재산 증식을 위해 투자하는 것 못지않게 중요한 것이 사람을 제대로 판단하는 것이다. 사회생활을 잘하기 위한 처신도 결국은 사람을 상대로 하기 때문이며, 배우자의 결정이나 친구 관계도 사람의 파악에 따라 성패가 좌우된다.

사람을 파악하기 위해서는 우선 본인이 어떤 사람인가를 파악하고 바람직한 사람이 되어야 한다. 그러기 위해서는 가치관을 확립하고 그 기준에서 사람의 그릇을 크게 하여 사람을 파악할 수 있는 경지에 올라 있어야 한다. 그렇지 못한 사람은 안목이 없어 사람에 대한 분간을 할 수 없게 되니 그저 운에 맡기는 수밖에 없다. 특히 배우자를 선택해야 하는 나이에 있는 사람은 일찍부터 자신에게 맞는 사람을 고를 수 있는 안목이 있어야 하는데, 젊은 나이에 그런 안목을 가지기 어렵기 때문에 잘못된 선택을 하고, 나중에 고생하는 것이다. 따라서 사람 파악할 수 있는 교육을 일찍부터 받을 수 있도록 노력하여야 한다. 만약 운이 없어 자기에게 맞는 사람을 만나지 못한다면, 자기 입장에서 양보할 수 있는 부분과 양보할 수 없는 부분을 설정하여, 그 범위 내에서 사람을 가릴 수 있다. 때로는 안목 없는 사람이 운 좋게 훌륭한 사람을 만나거나 도움을 받아 성공할 수도 있는데, 이것은 그 사람의 운이 정말 좋은 것이다.

세상에 자기와 꼭 맞는 사람은 한 사람도 없다고 생각하는 것이 마음 편하다. 그럼에도 불구하고 아주 드물게 자기와 비슷한 내공을 가진 사람을 만날 수 있는데, 이런 사람들은 그야말로 인생에서 보석 같은 존재다. 그런 사람들과 함께할 수 있다는 것은 인생의 행운이며, 함께 있을수록 기분이 좋은 사람이다. 자기의 인생에 이런 사람들이 몇 사람 있다면 그 사람은 행운아다. 서로의 내공이 깊기 때문에 상호 실례되는 행동을 먼저 자제하여 불편한 감정이 생길 가능성이 없고, 웬만한 일에는 서로 양보하기 때문에 눈치 보거나 다툴 필요가 없다. 상호 간에 서로 성의를 다해 상대방을 대한다는 의식이 있기 때문에 상호 존경심이 들며, 어느 정도의 손해는 감수한다는 마음이 있기 때문에 일 처리에 있어서도 거리낌이 없다. 친하지만 예의를 깍듯하게 지키기 때문에 말실수할 일이 없으며, 오해의 소지가 있는 행동을 즉각 해소해도 깊은 신뢰와 이해를 통해 아무 감정이 없다. 그러기 때문에 오랜 시간을 함께 보내도 즐거움만 있지 불편함은 하나도 없다.

사람을 파악할 수 있게 되었다면, 그다음은 약간의 용기를 내어 다른 사람에게 맞추어 산다는 생각을 가지면 어떨까? 이런 발상은 그냥 사람을 파악하고 있는 것보다, 한 걸음 더 나아간 상태로 상대방에게 맞추어 사는 것을 의미한다. 즉 상대방이 요구하는 것이 있으면 들어주고, 애매한 것은 상대방이 먼저 가지도록 하며, 상대방이 하자는 대로 하는 것을 의미한다. 대부분의 경우에 있어 나라는 존재는 없는 것처럼 생활하며, 궂은 일은 내가 먼저 하고, 낮은 자세, 무명(無名)의 자세로 사는 것이다. 그런 자세로 살면 상대방과 트러블이 생길 소지가 없으며, 반대로 상대방은 나에 대해 호감을 가질 것이다. 낮은 자세로 임한다고 해서 상대방이 나를 무시하는 경우는 없을 것이니, 내공의 힘이 느껴져 함부로 대하지 못하기 때문이다. 이렇게 무명(無名)의 자세로 살 수 있다는 것은 상대방보다 못해서가 아니라, 상대방의 어떤 요구도 들어줄 수 있으며, 그렇게 하여도 나는 아무런 상실감을 느끼지 않기 때문에 가능하다. 나는 상대방의 어떠한 요구에도 응해줄 수 있다는 자신감이 있어야 가능한 행위다. 상대방에게 경쟁심이나 열등감이 있다면 도저히 있을 수 없는 행위이며, 손해 본다는 느낌이 있다면 발생할 수 없는 행위다. 이러한 자세는 그야말로 내공이 깊어야 나올 수 있는 행위인데, 무명천지지시(無名天地之始)와 같은 것이다. 낮은 자세지만, 어떤 것도 제공할 수 없는 것이 없으며, 어떤 사람과도 어울릴 수 있다는 자신감이 있는 자세인 것이다. 낮은 자세로 있으니 다른 사람과 싸울 일도 없고, 그렇게 있으나 불편한 것도 없다. 그러면서 이루지 못할 것이 없는 것과 같은 내공의 힘이 있으니 업신여김을 받을 일도 없다.

모든 사람들은 자신을 대우해 주었을 때 좋아하고 때로는 감동을 받는다. 초고가의 호텔에서는 일반적으로 상상하지 못하는 부분까지 직원들이 따라다니며 서비스를 하는데, 비싼 돈을 내니까 아깝다는 생각보다도 이런 부분까지 서비스를 받고 있다는 데에 만족한다고 한다. 낮은 자세로 상대방을 대했을 때 상대방은 감사하게 생각하며, 호의적으로 생각할 것이다. 잘 모르는 사람을 만났을 때에는 이렇게 하면서 상대방을 살필 수 있다. 상대방의 요구를 들어주다 보면, 상대방이 어떤 시점에서 자제하고 배려하는지 알 수 있게 되는데, 이런 상황을 살펴 상대방을 파악할 수도 있다. 이런 태도로 임했을 때에는 사람에 대해 실수할 가능성이 적으며, 결국은 자기의 처신에 도움이 되니, 결과적으로 자신에게 유리한 것이며, 자신을 위해 좋은 것이다. 남들은 알아채지 못하겠지만, 더 큰 자신의 이익을 위해 도움이 되고 있는 것이다.

낮은 자세로 살아야 사람이 보인다. 학교에서 늘 선두권에 있고 일류대학을 거쳐 고위층이 된 사람이나, 금수저 자녀들의 인간성이 떨어지는 것은 낮은 곳에 있어 보지 않았기 때문이다. 항상 선두에 있거나 높은 데 있었던 사람들은 앞만 보고 달려왔고, 좋은 것이 좋은 것만 알며 보다 나은 것만 추구하기 때문에 그렇지 못한 사람들의 애환을 경험하거나 파악할 기회가 없고, 그렇게 인생이 굳어진다. 선두권에 있는 사람들은 이 점을 잘 모르기 때문에 안하무인격인 행동을 하는 것이다.

이런 생각을 좀 더 발전시킨다면, 자신이 가진 것의 일부를 남을 위해 사용해도 좋은 것이라는 생각을 할 수 있다. 즉 자신이 가지고 있는 시간, 돈, 노력 등을 남을 위해 사용해도 무방하다는 생각으로 발전할 수 있다. 상대가 필요로 할 때, 이런 것들을 내어줄 수 있고, 그럼으로써 본인도 행복할 수 있다는 생각으로 발전할 수 있다. 이러기 위해서는 자신의 것을 남을 위해 내어놓을 수 있는 용기가 필요하다. 즉 이기적인 개인은 남을 위해 손해를 감수할 수 있는 용기가 필요한데, 조그만 것이지만 남에게 준다는 것이 쉽지 않기 때문이다. 그러나 그것을 극복하고 상대방이 필요한 것을 제공해 준다면, 상대방은 고마워하고, 언젠가는 그것을 갚으려고 할 것이다. 따라서 이렇게 하는 것은 결국 본인을 위해 도움이 되는 일이기도 하다. 먼저 제공하기가 어려운 것인데, 그것을 극복하고 용기를 낸다면, 결국은 본인을 위해 선한 카르마를 쌓는 일이며, 세상을 흐뭇하게 만드는 일이다. 다른 사람에게 맞추어 살아가는 일은 한편으로는 자기의 내공을 더 깊게 하는 일이기도 하다.

사람은 여러 부류가 있고, 대개는 어느 정도의 범주에 들게 마련이지만, 때에 따라서는 예상할 수 없는 반응, 또는 무리한 요구 등을 하는 사람들을 만날 수 있다. 어느 정도 내공이 있는 사람의 수준에서 보았을 때에도 이런 사람들은 지나치다는 생각이 들 정도로 상식을 벗어난 사람들인데, 이런 사람들과도 맞추어 살아가기는 매우 힘들다. 나이가 들어서 만나는 이런 사람들은 대개 고칠 수 없는 사람들이기 때문에 수시로 그와 같은 행태를 보였을 것이고, 주변 사람들로부터 비판을 받고 있을 것이다. 이런 사람은 피하는 것이 상책이며, 어쩔 수 없이 접촉하게 되더라도 적당히 거리를 두는 것이 상책이다. 그런 사람은 그들끼리 살도록 내버려두어야 한다.

그런 경우가 아니더라도 사람들은 조금씩 다르기 때문에 이런 사람들을 상대하다 보면 자기도 모르게 자신의 내공이 깊어짐을 느낄 수 있고, 그에 따른 부드러운 처신 방법이 배양될 수 있다. 이런 과정을 통해 대부분의 사람 유형에 대하여 맞출 수 있다는 자신감이 생긴다면, 자신의 내공이 그만큼 깊어지는 것이니, 자신에게 이익이다. 낮은 자세로 살면서 남들이 알아주지 않아도 섭섭한 마음을 느끼지 않는다면, 그것이 자신의 내공이 깊어진 자세다. 성급한 이익 추구로 자신의 이름을 더럽힐 일이 없으며, 굳이 전면에 나서지 않더라도 일이 되어가게 할 수 있으며, 모든 사람에게 친근한 이미지를 주면서도 부드럽게 자신이 하고자 하는 바를 이루면서 살 수 있을 것이다.

이렇게 사는 것이 자신에게 이익이다. 주위와 다투지 않으니 항상 마음이 편할 것이며, 주변에 무엇을 줄 수 있으니 마음이 충만한 것 같은 느낌을 가질 수 있다. 주변에 항상 수준 있는 친구들이 있으니 외롭지 않고, 언제나 그들과 함께할 수 있으니 눈을 뜨는 하루가 즐겁다. 사람은 사람을 알아보니 내가 연락하지 않아도 나를 찾는 사람들이 있고, 그들과 함께하면 하루 종일 함께 있어도 불편함이 없다. 그런 사람들과 함께 일을 하면 생각하는 바가 비슷하니 고민할 필요가 없고, 서로서로 양보하면서 일을 하니 일하는 자체가 즐겁다. 말하지 않아도 서로 조금씩 희생을 자처하니 바라보는 일이 즐겁다. 이러한 삶이 인생의 낙원이요 천국이니, 죽어서 천국을 희망할 것이 아니다. 살아있는 내가 지금 여기에서 사는 삶이 천국의 생활이며, 나도 그 세계의 주인공이다.

현명한 사람의
발견과 함께하기

세상에는 다양한 사람이 있다. 많은 사람을 접촉하지만, 우리와 함께할 사람은 많지 않다. 다양한 이유에서 우리를 불편하게 하는 사람이 많으니, 그런 사람들과는 접촉을 하지 않거나 최소화하는 것이 현명하다. 반대로 나와 수준이 비슷한 사람들을 만나서 그들과 인생을 함께한다면 몇 배 훌륭한 인생이 될 수 있다. 많은 사람을 알고 여기저기 알음이 많은 사람을 부러워할 필요는 없다. 그런 사람은 사람의 가치를 구별할 줄 모르거나, 이해관계 때문에 여러 사람을 알아두어야 할 필요가 있거나, 자기 자신을 드러내고 싶어 하는 사람이거나, 그 사람 자체가 인간 됨됨이가 신통치 못한 사람일 수 있다. 또한 아름답고 훌륭한 인생이 어떤 것인가를 모르는 사람일 수도 있다. 그 많은 다양한 사람들과 원만히 지낸다는 것 자체가 이상한 일일 수 있으며, 불가능한 일일 수도 있다.

인생을 보람 있고 뿌듯하게 즐기기 위해서는 현명한 사람과 지속적으로 교류할 수 있도록 만들어 놓는 것이 중요하다. 어차피 인생을 함께할 사람들은 한정되어 있기 때문에 많은 사람이 중요한 것이 아니라, 진정한 친구 또는 동반자라고 상호 인정될 수 있는 사람을 많이 만들어 놓는 것이 중요하다. 사람을 구분할 줄 아는 현명한 사람이라면, 서로 그런 사람 만나기를 희망하고 있기 때문에 상호 소통만 잘된다면 바로 오랫동안 함께할 수 있는 친구가 될 사람이라는 것을 알 수 있게 될 것이다.

일이나 상황 못지않게 사람에 대한 판단은 매우 중요하다. 사람에 따라 대응하는 방법이 달라지기 때문에 상대방이나 자신을 위해서 사람을 정확히 판단할 수 있어야 한다. 가치관이 올바르고 내공이 깊은 사람은 비교적 빠른 시간에 사람을 파악할 수 있으며, 각각의 경우에 따라 즉각적으로 적절한 대응을 할 수 있다. 적절한 대응이라 하면 상대방에 맞추어 반응하는 것을 의미한다. 내공이 깊지 못한 사람은 자기 의지가 강하여 상대방의 느낌과 무관하게 일방적으로 대응함으로써 자신의 한계를 드러낼 뿐 아니라 상대방으로부터도 견제의 대상이 된다.

이 세상에 올바른 가치관과 큰 그릇을 동시에 가진 사람은 많지 않기 때문에 사람들의 판단력을 신뢰할 수 없다고 보는 것이 일반적으로 안전하다. 일반 사람들의 생각이 어떤 것인지를 알 필요는 있으나, 대중적인 판단이 항상 옳다는 생각은 하지 않는 것이 좋다. 대중은 자신의 입장에서 생각해 주지 않기 때문이다. 또한 일반 대중들은 중요한 판단을 내려야 하는 문제에 무관심하거나, 최소한의 신경만 쓰기 때문에 상황 자체를 잘 알려고 하지 않는다. 그러기 때문에 심도 있는 토의나 결정을 기대하기 곤란하다. 대중의 이러한 특징을 아는 사람은 대중적인 추세에 별로 흔들리지 않으며, 그들과 다른 행보를 한다고 해서 외롭거나 두렵지 않다. 시간이 지나면 그들이 틀렸다는 것을 알 수 있기 때문이다.

그럼에도 불구하고 항상 독단적인 결정을 하는 것은 위험하기도 하며, 중지를 모아야 할 필요가 있을 때, 우군 없이 열세에 처해질 수도 있다. 혹시라도 내가 모르는 복병이 있을 수도 있으며, 내가 모르는 정보가 있을 수도 있고, 내가 잘 모르는 분야에 대한 조언이 필요할 수도 있다. 따라서 이럴 경우에 대비하여, 올바른 판단력을 소유한 사람들과 교류하거나, 이러한 사람을 파악하여 그들의 의견을 참고하는 것이 필요하다. 사람은 궁지에 몰리게 되면 올바른 판단을 할 수 없는 경우가 발생하고, 또 어느 한 가지에 대한 과도한 생각 때문에 균형 있는 사고를 하지 못하는 경우도 발생한다. 본인이 이런 상태라고 생각될 때에는 평소 신뢰할 수 있는 사람이라고 여겨지는 사람에게 자신의 상태 및 상황에 대한 자문을 구하는 것이 필요하다. 아무리 현명한 사람이라도 완벽하지는 않다. 내공이 깊고 현명한 사람을 찾기란 쉽지 않으며, 이런 사람이 주위에 있다면 그들과 긴밀한 교류를 통해 수시로 소통할 수 있도록 만들어 놓아야 한다. 상대방 또한 사람의 깊이를 파악할 수 있기 때문에 통하는 면이 있다는 것을 알 수 있을 것이다.

그런 현명한 사람을 어떻게 가려낼 수 있을까? 똑같은 상황을 대하더라도, 사람에 따라 반응이 다르다. 모든 사람은 자기의 판단 기준이 있기 때문에 그 기준에 따라 판단하고, 판단에 근거하여 반응한다. 자신의 판단 근거는 그 사람이 가지고 있는 이해관계와 가치관, 그리고 그 사람의 그릇됨에 의해 달라진다. 이해관계에 의한 판단 기준은 개인이나 단체의 이익에 따라서 움직이는 경우를 말하며, 그 경우에 대한 논의는 여기서 제외한다. 이익에 따른 판단이란 옳고 그름을 떠나서 이해관계를 기준으로 생각하기 때문에 여기서 논할 대상이 아니다. 사람들은 이해관계 때문에 자기의 생각과 다른 판단을 할 수 있고, 이익을 좇아서 내리는 결정은 아름다운 사회, 인간다운 맛이 나는 세상의 건설과는 애초에 지향하는 바가 다르다.

사람에 대해 잘 모를 때에는 어떤 상황에서 그 사람이 어떤 판단을 내리는가를 보면 그 사람의 사람 됨됨이를 알 수 있다. 우리가 매일 부딪히는 수많은 상황 속에서 내리는 판단은 사람 됨됨이의 결정판이다. 우리는 다른 사람이 내리는 결정을 보고 그 사람을 판단하며, 아울러 나의 결정을 통하여 나를 다른 사람에게 보여준다. 즉 판단력은 한 개인 인간성의 총체적 발현이기 때문에 상대방의 말과 행동, 결정은 매우 중요한 의미를 갖는다.

상대방이 적절치 못한 대응을 한다면 그에 대한 신뢰가 상실될 수 있다. 행동은 그 사람의 내공의 결정체이기 때문에 대부분의 경우 그 하나의 행동으로 그 사람을 판단할 수 있다. 따라서 그것을 계기로 그와 멀리하는 것이 현명하다고 판단할 수 있다. 그러한 판단을 나무랄 수는 없으나, 다만 그 하나의 행동이 그 사람의 모든 것이라고 판단하는 것은 성급하다고 아니할 수 없다. 그 하나의 행동이 잘못된 것은 분명하지만, 사람은 실수할 수 있고, 그의 입장에서 말하기 곤란한 문제가 있을 수도 있고, 정말 잊어버렸을 수도 있다. 나를 비롯한 모든 사람은 완벽하지 않기 때문에 완벽을 기준으로 모든 사람을 판단한다면, 결국 모든 사람을 적으로 돌려야 할 것이다. 따라서 사람도 실수할 수 있다는 점을 인정하고, 상대방에게도 실수였다고 변명할 가능성을 열어놓는 것이 바람직하다. 나의 마음에 들지 않는다고 해서 즉각 상대방과 단절할 것이 아니라 상대방이 만회할 가능성을 열어놓는 것이 좋다. 즉 상대방이 같은 실수를 2~3회 지속한다면 그때 판단하는 것이 현명하다. 단 한 번의 실수로 상대방과 단절한다면, 혹시 진정한 실수로 인해 좋은 사람을 놓칠 수 있기 때문이다. 2~3회 같은 실수가 반복된다면, 그 사람과 단절해야 할 이유가 충분하다고 스스로에게 말할 수 있지만, 단 한 번의 실수는 실수 그 자체일 수 있기 때문이고, 그것으로 상대방을 내친다면 경솔하다고 할 수 있다.

한 번의 실수를 했을 때 상대방에게 이의를 제기하고, 상대방의 반응을 기다려 보자. 만일 상대방이 이의 제기를 대수롭지 않게 여긴다면, 상대방은 같은 실수를 반복할 가능성이 크고, 분명 반복한다. 상대방은 그러한 삶을 살아오고 있기 때문에 내가 중요하게 생각하고 있는 점을 중요하게 생각하지 않는 사람이다. 만일 상대방이 나의 지적에 대해 진정한 사과를 한다면, 그 사람은 괜찮은 사람이다. 자신의 잘못을 인정하고, 진정한 사과를 한다는 것 자체가 쉬운 일이 아니고, 내공이 있어야 하며, 용기 있는 행동이다. 잘못을 사과한 사람은 다음에는 그런 행동을 하지 않을 것이니, 그는 그것을 계기로 진정한 사과를 할 줄 아는 용기 있는 사람이라고 볼 수 있다. 진정으로 사과한 사람은 같은 실수를 반복하지 않을 것이니 문제 될 것이 없으며, 앞으로 함께 해도 별문제가 없을 수 있다. 이런 경우를 통하여 그가 현명한 사람이란 것이 발견된다면, 인생에 큰 행운을 얻은 것이다. 만일 단 한 번의 실수로 그 사람을 단절했었다면 매우 큰 손실이었을 것이다.

어떤 곤란한 일이 발생되었을 때, 통 큰 결정을 하여 곤란한 점을 해결하고 모두의 부담을 덜어준다면, 이러한 결정을 하는 사람은 매우 내공이 깊은 사람이다. 사람은 일반적으로 다른 사람에 비해 손해를 보려고 하지 않으며, 애매한 경우가 발생했을 때, 손해를 회피하고 싶은 마음이 든다. 그런 일이 발생했을 때, 아무도 먼저 말을 하지 않지만, 사람들은 빠르게 머리를 회전하여 자기 부담이 없는 방향으로 생각하거나, 아니면 손해를 최소화하는 방향으로 생각할 것이다. 이런 애매한 상황이 발생하였을 경우가 다른 사람에게 충격을 줄 수 있는 기회다. 모두가 자신의 부담을 회피하려고 하는 순간, 머리를 빠르게 회전시켜 그 부담을 자기가 떠안는다고 선언한다면 다른 사람에게는 갑자기 고민스러운 문제가 한꺼번에 사라져 버리는 듯한 감동을 줄 수 있을 것이다. 모두에게 공통적인 책임이 있기 때문에 모두가 그 문제로부터 자유로울 수 없는데, 그 책임을 남에게 전가하거나 공동으로 부담하자고 제안하면서 마음에 찜찜한 기분을 남기는 것보다는, 털어버리고 깔끔한 상태를 만들어 주는 것이 훨씬 현명한 처사다. 애매하던 분위기는 갑자기 밝은 분위기로 전환되고, 상황이 끝난 이후에 다른 사람들 마음속에 특별한 기억이 만들어질 수 있다. 노력이나 돈은 그 당시에는 아까운 것 같으나 시간이 지나면 그 느낌은 사라지지만, 사소한 감동이나 충격은 영원히 기억되는 감정이니, 후자를 추구하는 것이 더 큰 이익이다. 피해를 주거나 비난받을 수 있는 환경을 갑자기 호의적인 환경으로 바꿔버리는 것이다. 생각이 있는 사람은 다른 형태로 보답하려고 할 수 있고, 최소한 나의 이미지를 좋게 만들 수 있다. 사람이 살면서 이런 이미지를 타인에게 만들어 줄 수 있는 기회가 많지 않은데, 그 기회를 포착하는 것은 현명한 사람만이 할 수 있다. 상황이 종료되면, 대부분 사람들은 없던 일처럼 일상으로 돌아가겠지만, 그들 중 누군가는 오래 기억하고 사람에 대한 신뢰를 강화할 수 있다. 현명하게 다가오는 사람이 있다면, 그와는 잘 소통할 수 있는 관계가 형성될 것이다. 애매한 상황에 직면하여 회피하려고 머리를 굴리지 말고, 사람을 얻을 수 있는 기회로 생각하는 적극적인 사고를 할 수 있다면 인생에 도움이 될 것이다.

사람은 유유상종이다. 여러 사람이 모인 곳에는 다양한 사람이 있지만, 우리가 잘 알지 못하는 가운데 내공이 깊은 사람은 그러한 사람을 알아본다. 약간의 손해도 보지 않으려고 생각하는 것이 일반적이지만, 그러한 가운데에도 남들보다 깊이 생각하고 희생적으로 생활할 필요가 있다. 다른 사람보다 희생할 수 있다는 것은 다른 사람보다 낮은 위치에 있기 때문이 아니라, 낮은 위치에 갈 수 있을 만큼 내공이 깊기 때문이며, 다른 사람보다 못해서가 아니라 다른 사람보다 우월하기 때문에 가능한 것이다. 낮은 위치에서 남에게 희생하는 사람을 일반적으로 좋게 생각할 것이며, 그중 어떤 사람은 그 행동을 눈여겨보며 매우 높이 평가할 것이다. 결국 낮은 위치에서 봉사하는 것은 자신의 성숙을 드러내는 것이며, 사람을 자기편으로 이끄는 역할을 한다. 내공이 깊은 사람은 그런 사람을 알아보니 봉사하면서 서로 쌓이는 정이 끈끈해질 것이다. 이렇게 쌓은 우정과 신뢰는 평생 돈독하게 유지될 것이다.

특별한 인간적인 느낌 없이 평범한 모임을 이어가는 가운데, 어떤 한 사람이 예상치 않은 혜택을 제공한다면, 그 사람은 그 모임에 대한 애착과 인간적인 끈끈함이 있다는 것을 보여주는 것이다. 선물일 수도 있고, 식사 대접일 수도 있으며, 다른 부담을 자처할 수도 있다. 다른 사람들은 전혀 기대하지 않고 있으며, 그냥 평범한 일원으로 생각하고 있었는데, 그러한 행동을 한다는 것은 다른 사람에게 자신을 알리는 기회이며, 모임에 대한 애착과 신뢰를 보이는 것이다. 그럴 이유가 없을 때 그런 행동을 하는 것은 다른 사람들에게 잔잔한 감동을 가져오게 하는데, 그 감동은 그에 대한 평가뿐만 아니라 모임 전체에 대한 위상이 높아지게 하는 결과를 가져온다. 그럼으로써 모임의 가치와 그 모임의 일원이라는 것에 대한 뿌듯함이 한층 더 고양되고, 당사자도 모임에 대해 동일하게 느끼고 있음을 공감하게 된다. 이 경우를 통해 그도 모임과 사람의 가치에 대해 인식할 줄 아는 사람임을 느끼게 되니, 이 사람도 현명한 사람인 것이다. 모임에 대한 위상이 높아질 뿐 아니라 인간적인 끈끈함도 더 높아지는 계기를 만들 줄 아는 사람이다.

이런 사람을 발견하는 것도 본인의 능력이 있어야 되니, 일단은 본인의 내공을 깊게 만들어 놓아야 가능한 일이다. 그렇게 해서 현명한 사람들이 주위에 쌓이게 되면 결국 본인이 행복해진다.

현명한 사람들을 발견했다면, 다른 차원의 용기가 필요하다. 그것은 그러한 사람들과 함께할 수 있는 모임을 만드는 것이다. 일, 취미, 동호회 등 사람들의 상황과 성향에 따라 적절한 모임을 만드는 것이 필요하다. 이 점에서는 또 다른 용기가 필요한데, 모임을 만든다는 것은 그 모임에 대한 별도의 노력을 필요로 하는 일이며, 하지 않아도 될 일을 만드는 것이기 때문이다. 현명한 사람이라 할지라도 그런 사람들과 함께하면 좋다는 생각만 하고 있지, 자기가 나서서 모임을 주도하면서 부수적인 일을 감당하려고는 하지 않는다. 남이 해주면 나가서 활동을 하겠지만, 여러 가지 잡일까지 감수하려고 하지는 않기 때문이다. 따라서 이런 경우에 주동자가 필요한데, 진정으로 현명하다면, 자원하여 모임을 주도해야 한다. 이러한 행동은 용기가 필요한 행동이며, 부수적인 귀찮은 일들을 감수하려는 각오가 필요한 일이다. 한번 자원하면, 필요한 일들을 진행해야 하기 때문에 별도의 신경을 써야 하고, 시간과 노력을 할애해야 한다. 모임이 잘되기 위해서는 꾸준히 지속적으로 봉사할 각오를 하여야 한다. 다행히도 모두 현명한 사람들이기 때문에 사람으로 인한 갈등은 없을 것이며, 상호 배려와 양보가 가능한 흐뭇한 모임이 될 것이다. 자신의 노력으로 이런 아름다움을 만들 수 있다면 이 어찌 즐겁고 가치 있는 일이 아니겠는가!

이러한 행위는 모임과 그 모임에 참여하는 사람들을 위한 일이 되겠지만, 본인을 위해서도 좋은 업보를 쌓는 일이다. 현명한 사람들은 남모르게 수고하는 일을 기억할 것이며, 수고하는 행위에 대해 고맙게 생각할 것이다. 그들은 자원봉사 하는 사람으로 인하여 현명한 사람들과 함께할 수 있다는 생각에 매우 고맙게 생각할 것이며, 모임에 대한 가치를 인정하고 있을 것이고, 수시로 보기 좋고 아름다운 행위로 보답할 것이다. 좋은 사람들이 모임에 나와서 즐거운 분위기를 만들고 있는 모습을 보는 것도 매우 감사한 일이다. 자신의 노력으로 이런 분위기를 만들 수 있고, 다른 사람들의 행복해하는 모습을 보는 일 또한 행복한 일이다. 애써 만들지 않으면 제각각 분리되어, 서로 만날 일이 없고 일체감을 주는 행복을 느끼지 못하며, 함께함으로써 느낄 수 있는 시너지 효과를 발생하지 못하였을 것이다. 그런 모습을 바라보면서 자기도 같이 즐기지만, 자신의 노력으로 모임이 만들어지고 운영되는 것에 대한 즐거움 또한 느낄 수 있다. 이렇게 해서 세상에 아름다운 모습 한 점으로 살아간다면, 세상에서 잘 살고 있는 것이다.

에필로그

어떻게 사는 것이 잘 사는 것인가에 대해서는 많은 글들이 있어 여기서 굳이 중복해서 나열할 필요가 없을 것 같다. 사람이 사는 모습은 비슷해서 깨달음에 도달한 사람들의 경지도 비슷하고 그러한 사람들이 사는 모습도 비슷할 것이다. 그렇기 때문에 모든 사람이 도달해야 하는 수준을 일컬어 도(道)라고 하는 것이다. 모든 사람이 가야 할 길인데, 거기에 도달하는 과정이 약간 심오하기 때문에 도달하는 사람과 도달하지 못하는 사람이 있을 뿐이다. 인생의 내공을 터득한 사람은 대부분 비슷한 경지에 도달하게 되고, 그들이 하는 이야기도 비슷할 것이다. 고전의 가르침도 대부분 같은 결론에 도달한다. 모두 인간이며, 비슷한 사람들이 모여 사회를 이루며 살기 때문에 그럴 수밖에 없다. 인간이라면 대부분 비슷한 길을 가게 되어 있는 것이다.

위의 과정을 통해 내공을 쌓았다면, 어느덧 자신의 내공이 깊어졌음을 느낄 수 있을 것이고, 사람과 사람이 구별되어 보일 것이다. 세상에는 정말 다양한 사람이 있고, 그렇게 다양한 사람들이 사회를 구성하고 있다는 것이 신기할 것이다. 그들 모두가 이 세상에서 활개 치고 살아가지만, 그들 내면의 모습은 다를 것이며, 그들과 함께하는 가족이나 사회가 어떤 곳에서는 흐뭇하고, 어떤 곳에서는 불행한 상태일 것이라는 상상이 된다. 그러한 사회 속에서 마치 지뢰밭을 피해 가듯이 가급적 불편한 사람과 접촉하지 않고, 좋은 사람만 만나기를 기도하게 될 것이다. 사람이 구분되어 보이고, 좋은 사람의 좋은 점과, 부족한 사람의 부족한 부분이 구별되어 보인다면, 자신의 내공이 깊어졌다고 생각해도 좋다. 사람에 따라 적절히 대처하는 것이 필요하다.

내공이 쌓인다면 알아서 잘하겠지만, 모르는 사람과 접촉했을 때는 조심하는 것이 상책이다. 나는 여러 노력을 해서 인생이 깊어졌지만, 세상은 여전히 그렇지 못한 사람들로 가득하기 때문이다. 내가 아름다워졌다고 해서 세상이 아름다워진 것은 절대 아니다. 세상은 여전히 이익 다툼의 이전투구장이고, 부족한 사람들로 가득 차 있다. 부족한 사람들은 어떤 생각과 반응을 할지 모르며, 이해되지 않는 사람도 허다하다. 따라서 세상과 사람을 알면 알수록 조심하게 된다. 행여 돌부리에라도 차이지 않도록 조심하는 것이 상책이다. 겸손한 자세를 잃지 말고 항상 말조심하여야 한다.

내가 무엇을 조금 알게 되었다 해도 다른 사람을 변화시키려는 노력은 절대 하지 말아야 한다. 내공의 수준이 다른 사람은 그 사람의 수준에서 받아들이기 때문에 같은 말을 듣더라도 이해의 정도가 다르다. 경지가 다른 사람과 이야기할 때에는 특히 조심하여야 한다. 낮은 경지에 있는 사람은 스스로가 깨닫기 전에는 남의 조언을 통해 절대 변화되지 않는다. 진리는 지나간 후 스스로 깨달아야 그것이 진리였다는 것을 알게 될 뿐, 그것을 듣는다고 깨달아지는 것이 아니다. 그 수준에 도달한 후, 그것이 그 수준이었다는 것을 이해해야만 공감이 되는 것이다. 할 수 없이 권면의 이야기를 할 때에도 그 사람이 알아듣고 변화되기를 기대하지 말아야 한다. 알아듣는 것과 변화되는 것은 다르니, 변화되지 않으면, 알아듣는 것 같아도 자기 수준에서 이해할 뿐 제대로 아는 것이 아니기 때문이다. 말하는 사람의 입장에서 볼 때에도 알아듣는 것 같으면서도 공감되지 않고 있다는 것을 느낄 수 있을 것이다. 그러한 사람들과는 항상 조심하면서 전체적인 분위기에 어긋나지 않도록 맞춰주면 된다. 제대로 이야기해 주었다가 오히려 상대방의 감정이 상하게 되고, 얻는 것 없이 멀어지게 될 가능성이 있다.

따라서, 될 수 있는 대로 불편한 사람은 버리고, 현명한 사람과 함께하는 것이 좋다. 같은 내공의 경지에 있는 사람과 있으면, 아무런 제약을 느끼지 않고 의미를 그대로 말할 수 있으며, 공감을 통해 함께 있는 순간의 고귀함을 상호 느낄 수 있다. 또한 순간순간 창의적인 생각이 떠오르고 그것을 바로 표현해도 조심할 필요가 없다. 말하지 않아도 교감되는 부분이 있으니, 굳이 표현하지 않아도 편안한 상태를 구현할 수 있는 사람이다. 이런 사람과 만날 때에는 만나기 전부터 편안한 느낌이 들며, 만남 자체가 즐거움이다. 이런 사람을 많이 만들어 놓으면 그것이 그 사람의 재산이고, 함께 무언가를 하면서 오랜 시간을 같이 보낼 수 있다면 그것이 즐거운 인생이다.

그러나 아무리 좋은 사람이라도 가족이 아닌 이상 항상 함께할 수 없다. 가족이 아닌 경우에는 매일 함께한다는 것도 부담으로 작용할 테니 만남에 있어 적절한 인터벌이 필요하다. 서로 필요할 때의 주기를 찾아서 적정한 간격을 주는 것이 필요하다. 따라서 적지 않은 시간을 혼자 보낼 수 있어야 한다.

가족이라 하더라도 내공의 수준이 다르면, 적절한 거리를 유지해야 한다. 가족이라는 유대관계가 있지만, 내공의 다름은 피할 수 없다. 자기 내공의 수준에서 이야기하기 때문에 거슬리는 언행을 피할 수 없다. 시시각각으로 부딪히기 때문에 그처럼 괴로운 것도 없을 것이다. 그러나 가족이기 때문에 어쩔 수 없다. 부딪힐 수 있는 계기를 최대한 피하되, 잘못된 것은 그때그때 지적해서 잘못을 알려줘야 한다. 타인이라면 보지 않으면 되겠지만, 가족은 그럴 수 없고, 그때마다 자신에게 상처가 될 것이기 때문에 때때로 지적해서 각성을 시켜줘야 한다. 참고 넘기는 것은 좋은 방법이 아니다. 내공의 수준이 달라 근본적인 것은 고쳐지지 않겠지만, 잘못을 감수하면 그대로 굳어져 버려 당연한 행동패턴이 되어버리기 때문이다. 말하기 거북하다고 해서 참거나 모든 것을 감싸지 말고, 개선이 되면 다행이지만, 개선이 되지 않는다 하더라도, 거북하다는 의사를 전달하기 위해 또는 점진적인 개선을 희망하는 의미에서라도 그때그때 지적하는 것이 필요하다.

다만, 잘못을 지적할 때에도 사랑의 마음이 그 근본에 깔려있어야 한다. 상대방을 비난하기 위한 비난, 미움에서 나오는 비난은 독화살이다. 상대방의 잘못을 시정하기 위한 안타까운 마음이 전해질 수 있는 지적이 되어야 한다. 그래야 상대방의 입장이나 마음을 이해할 수 있고, 잘못의 근원을 파악할 수 있다. 미움에 의한 비난은 나타나는 현상에 대한 비난이고 상대방을 배척하기 위한 비난일 뿐, 상대방을 개선시키기 위한 사랑의 마음은 없다. 정말 잘못을 고쳐주기를 간절히 바라는 안타까운 마음으로 지적해야 한다.

인생은 결국 혼자 가는 길이다. 가족과 사회 속에서 살아가지만, 그 속에서도 언젠가는 홀로 결정을 내리고, 홀로 가는 순간이 존재하며, 그것이 인생의 결정적 선택을 좌우한다. 같이 가는 것 같지만, 혼자 가는 것이 기본이다. 어울려 사는 것 같지만, 홀로 사는 것이 기본이다. 다만 시간과 공간에 따라 홀로 가는 시간이 길거나 짧을 뿐이다. 다른 사람과 같이 가는 기간에도 고민할 것이 없는 것은 아니지만, 혼자 갈 때에는 진짜 강인함이 필요하다. 혼자 있는 기간에 할 일 없이 빈둥거리고 눈에 힘이 풀려서 시간을 보내는 것은 폐인이 되는 지름길이다. 혼자이기 때문에 강인해져야 하며, 다른 사람과 같이 있을 때에도 그 강인함이 기본이 되어야 한다. 이 세상에서 의지할 것은 자기뿐이며, 타인이나 다른 무엇을 의지했다가는 큰 상실감을 맛보게 될 것이다. 강인한 기본을 바탕으로 다른 사람과 관계하며, 사회 속에서 자신의 갈 길을 추구하는 것이 현명하다. 따라서 혼자 지내는 것을 외로워해서는 안 되며, 원래 그런 것이라는 생각으로 당연하게 생각해야 한다. 공연이 끝나고 관객이 떠나가더라도 공허하게 생각해서는 안 되고, 그것이 정상이라고 생각해야 한다. 올 때는 가족 속에서 태어났으나, 자신의 의식과 의지가 있는 한, 살아가는 선택과 결정은 자기가 할 수밖에 없는 인간이기에 혼자 가는 것이다.

혼자 가는 것이기 때문에 자기만의 계획이 있어야 한다. 공부 잘하는 학생들은 항상 공부를 별로 못했다고 하고, 시험도 못 봤다고 하지만, 그들은 다 자기만의 계획을 갖고 있으며, 절대 시험을 잘못 보지 않는다. 그들은 결코 자기 계획을 완수하는 사람들이지 허술하게 무엇 때문에 못하는 사람들이 아니다. 다만 다른 사람들에게 그렇게 말할 뿐이다. 별 것 아니라고 말하는 사람이나, 하는 일 없이 지내고 있다는 사람들의 말을 곧이들어서는 안 된다. 그들은 결코 시간을 헛되이 버리거나 정신 줄을 놓지 않는 사람들이며, 항상 무언가를 추구하는 사람들이다. 그들이 정말로 아무것도 안 하는 시간이 있을 수 있지만, 그것은 재충전을 위해 머리를 식히거나 무언가를 기획하고 있는 것이어서 다른 사람에게 그렇게 보일 뿐이다. 홀로 시간을 보낼 때에는 항상 무엇인가 창의적인 것을 하거나 생각하고 있어야 한다. 그래야 머리는 맑고 눈동자에 힘이 들어가 살아있는 것을 느낄 수 있다. 그 무언가가 신나는 것일수록 좋고, 자신에게 유익한 것이어도 좋다. 어쨌든 자신의 눈이 빤짝이는 것을 항상 느끼며 살아야 한다. 창의적인 것을 생각하면 자신 속에서 에너지가 발생하고 의욕이 생기며 건강이 따라온다. 창의적인 무언가를 하고 있으면 하루가 아깝게 지나갈 것이다. 반면, 사람이 무언가를 추구하지 않으면, 무기력하고 아픈 곳이 나타나고 하루하루 시간을 보내는 것이 지겹다.

뻔한 이야기이지만, 스트레스는 최대한 느끼지 않도록 해야 한다. 사노라면 스트레스가 없을 수 없는데, 그 스트레스 속에서도 순간순간 기쁨을 찾을 수 있어야 한다. 스트레스를 스트레스라고 인식하며 사는 것은 사람에게 해로우니, 그런 것이 인생이라 생각하며 살되, 즐거운 순간을 만들도록 노력해야 한다. 그리고 여유가 된다면 스트레스를 줄 수 있는 조건들을 제거하며 살아야 한다. 자기의 생활에 큰 지장이 없는 한, 구태여 관심 두지 않아도 될 부분들에 대해서는 관심을 두지 않는 편이 좋다. 뉴스든 사람이든 자신의 철학으로 감당이 안 되거나, 불편을 주는 대상은 멀리하는 것이 상책이다. 도움도 안 되는 것에 관심 가지며 심기를 불편하게 할 필요는 없다.

사람은 금방 싫증이 나고 지루함을 느끼는 동물이며, 이것이 다른 동물과 다른 점이다. 그 때문에 사람은 단순 반복적인 일을 오래 지속할 수 없다. 사람은 곧 싫증을 느끼게 되며, 처음에는 호기심과 재미와 보람을 느끼더라도 그것에 익숙해지거나 목표를 달성하게 되면 싫증 나고 재미가 없어진다. 버킷리스트를 작성해 놓아도 그것을 달성해 보면 그것은 더 이상 가치가 없어지게 된다. 따라서 사람은 무언가 꾸준히 추구할 수 있는 것이 필요하다. 단기간에 달성될 수 있는 목표가 아니라 꾸준히 재미와 보람을 느낄 수 있는 목표가 필요하다. 지루함이나 재미를 느끼는 정도는 사람마다 다르기 때문에 어떤 것이 좋다고 일률적으로 말할 수는 없으니, 자신의 성향에 적합한 일이든 소일거리든 찾아야 한다.

꾸준한 재밋거리와 함께, 며칠 후, 또는 일주일 동안에 일어날 수 있는 흥미 있는 일거리를 만들어 놓으면 좋다. 어렸을 때, 운동회나 소풍 가는 날이면 그날이 기다려지고 마음이 설레던 경험이 있을 것이다. 이런 계기가 있으면, 기다리는 동안이 지루하지 않고 기대가 있으며,

당일 눈을 떴을 때 가벼운 흥분에 들뜨게 될 것이다. 좋은 일들을 많이 겪어 봤기 때문에 나이가 들어서는 이런 일을 찾기가 쉽지 않겠지만, 그럼에도 불구하고 생활의 활력을 위해서 가슴 뛰는 일을 마련해 놓아야 한다. 한 가족이라 하더라도 이와 같은 일을 대신해 줄 사람은 없으니, 자신이 마련하지 않으면 그런 일은 영원히 나타나지 않는다. 고민과 노력을 하여 즐거운 흥분을 줄 수 있는 일을 찾아 마련해 놓아야 한다.

세상을 살다 보면 오르막과 내리막이 있다. 세상 사람들 모두 자기 자신이 복받기를 원하지만, 복은 잘 오지 않는다. 인생을 살다 보면 자기 계획대로 일이 잘 풀릴 때도 있고, 그렇지 않을 때도 있는데, 이런 것이 인생이다. 인생이 힘들 때에는 언제 끝날지도 모르는 어둡고 긴 터널을 통과하는 것 같은데, 그런 것이 인생이라고 받아들여야 한다. 그 터널을 빠져나가는 데 몇 년이 걸릴지도 모른다는 것이 문제다. 그래서 사람들이 자살을 택하기도 하지만, 잘 나가는 오르막이 있으면, 헤어나기 어려울 것 같은 어려운 시기도 있다고 받아들여야 한다. 자기의 인생이 항상 좋은 시절만 있어야 한다는 생각은 버리고, 어려운 것도 인생이라고 받아들이는 자세로 살아야 한다. 그냥 그렇게 로봇같이 사는 것이다. 어려운 것 같지만, 그것이 인생이고, 다른 사람도 그런 시기를 겪는다. 그 어려운 것을 돌파해야 하는 것은 자신뿐이기 때문에 버티면서 겪어 나가야 한다. 살아가는 데 힘들다면, 내가 지금 인생의 내리막에 있구나 생각하고, 언젠가는 오르막도 있으리라는 희망을 가지는 것이 좋다. 반대로 모든 것이 좋은 시절에 있다면, 그 좋은 시절이 도망가지 않도록 간절한 마음으로 살아야 한다. 좋은 시절은 항상 머무는 것이 아니라 시간과 상황이 바뀌면 새로운 시련이 밀고 들어오게 되니, 아끼며 가꾸도록 미리미리 노력하면서, 언젠가 닥쳐올 어려운 시기를 위한 몸과 마음의 충전의 시기라 생각하는 것이 좋다. 좋은 것에 대해서는 미리 대비하지 않아도 되지만, 어려운 시기를 극복하기 위해서는 마음의 각오가 선행되어야 하기 때문이다. 따라서 행복한 시기에 있더라도 마음 한쪽에는 어려운 일이 도래하는 것에 대해 미리 대비하는 마음가짐을 가지는 것이 필요하다. 인생은 험난한 과정이며, 무슨 일이 닥칠지 모르니, 좋은 시절에 있다 할지라도 자만하지 말고 겸손한 자세로 미래를 준비하는 마음으로 살아야 한다.

누구나 인생에 대해 불안할 수 있는데, 자신만의 수호천사가 있다면 위로를 받을 수 있을 것이다. 항상 덕을 베풀며 살며, 도움을 줄 수 있을 때 기꺼이 돕도록 하자. 도움을 준 어떤 경우가 마음에 새겨져 있다면 이러한 행위를 자신의 수호천사로 여겨볼 만하다. 그것은 종교도 아니고 미신도 아니며, 자신의 선한 행위가 보상된다는 믿음도 아니지만, 허공에 피어오르는 아지랑이 같은 따뜻한 느낌을 가질 수 있다. 막연하지만 생각하면 흐뭇한 느낌으로 자기만의 조그만 위안이 될 수도 있다. 황량한 벌판에 서있는 혼자인 인생이지만, 피어오르는 아지랑이 같은 따뜻한 온기를 느낄 수 있을 것이다. 그것은 분명 신기루 같은 것이고 실체가 없는 것이지만, 냉정한 인생길에 스스로 만든 따뜻한 기운이 될 수 있을 것이다. 냉정히 굳세게 길을 가되, 가끔은 옆도 돌아보고, 뒤도 돌아보면서 삶의 온기를 남겨 놓는다면, 그것은 봄날의 아지랑이처럼 힘들 때 피어오르는 희망이 될 수 있다. 적어도 이 세상에 희망의 한 줄기를 남겨 놓았다는 위안이 될 수 있다.

나이 들수록 판단력이 중요하다. 모든 선택에는 판단력이 작용하지만, 인간적인 교류에 있어서도 판단력은 거의 모든 것을 결정한다고 해도 과언이 아니다. 인간다운 깨달음은 결국 올바른 판단력을 기르기 위한 과정이다. 내공이 깊은 사람은 그렇지 못한 사람에 비해 생각하는 것이 다르고, 하는 말과 행동이 남다르다. 그런 말과 행동을 하게 하는 것이 판단력이고, 어떤 말을 해야 할지, 어떤 행동을 해야 할지를 결정하는 것도 판단력이다. 특히 나이가 들어서는 실수가 용서되지 않고, 그대로 인간성의 척도가 되고 마니, 제대로 된 말과 행동을 해야 한다. 깨달음을 위한 훈련은 적시 적절한 판단을 하기 위한 과정이고, 그 반응을 통해 나의 평가가 직결되기 때문에, 치열하게 생각하고 검증과정을 거쳐 인격을 배양하는 것이다. 나이 든 어른이 제대로 된 판단을 하지 못하고, 상황에 맞지 않는 말과 행동을 하는 것은 자신을 주위로부터 멀어지게 하는 결과이니, 그 결과는 참혹하다. 항상 올바른 판단을 통해 올바른 말과 행동을 하면 주위로부터 존경을 받을 것이나, 그렇지 못한 경우는 나이로서만 대접받는 천덕꾸러기가 되고 만다. 자신이 환영받지 못한다거나, 자식들로부터 대접받지 못한다고 원망할 것이 아니라, 자신을 먼저 돌아봐야 한다. 나이 들어서는 깨달음을 훈련할 시간도 없어 그렇게 살 수밖에 없으니, 상황이 개선될 여지는 없다. 젊어서 시간이 있을 때 훈련하지 못하면, 비참함을 면할 수 없다. 노후 대비를 위하여 재정적인 것만 고려할 것이 아니라, 인간다운 존경을 위한 노력도 병행하여야 한다.

사람은 누구나 편하고 싶다. 같은 일을 하더라도 편하게 할 수 있는 방안을 모색하게 되고, 할 수 있으면 힘든 일을 하지 않고 지내기를 원하는 것이 사람의 속성이다. 이런 속성이 자연스럽기는 하지만, 경우에 따라서는 편한 것보다는 자기가 설정한 규칙을 꾸준히 지키며 살아가는 것이 더 보람 있을 수 있다. 가족이나 사회생활 속에서 자신이 설정한 자신의 역할을 묵묵히 꾸준히 수행하며 살아가는 것은 일상생활에서 도(道)를 실천하는 것과 같은 의미가 있다. 본인이 할 일을 누가 뭐래도 꾸준히 수행하는 것은 정신이 살아있음을 보여주는 것이다. 그런 면에서 자신의 생활은 도(刀)처럼 살아야 한다. 그러한 자세의 생활이 타인에게 도움 되는 것이라면 더 바람직하다. 남은 편한데, 자신은 추가적인 노력을 한다고 불평할 것이 아니라, 그러한 행위는 자신이 살아있음을 스스로 증명하는 것이다. 자신이 할 수 있는 본분을 다함으로써 기회주의적이 되거나 약해질 수 있는 부분을 제거하는 것이다. 자기만이 잘할 수 있는 부분을 편하다는 이유로 포기하거나 남에게 전가하지 말자. 그렇게 하는 순간 자기 자신의 존재의 이유도 사라지게 되고, 상대방으로부터 존경을 받지도 못한다. 남을 대접하는 것이 자신을 대접하는 것이다. 자기의 역할을 묵묵히 수행하는 모습을 보는 것은 그 행위를 보는 것이 아니라, 날이 서있는 고귀한 정신을 바라보는 것이다. 정신이 나로부터 사라지게 하지 말고, 항상 정신을 차리고 깨어있을 수 있도록 해야 한다. 그것이 비록 나를 피곤하게 할

지라도 해야 할 것은 해야 한다.

기본적인 가치관을 유지하되, 나이가 들어가고, 상황이 변함에 따라 자신의 처세의 기준도 변화시켜 나갈 수 있어야 한다. 사람에게는 일종의 생활신조라고 할 수 있는 행동 기준이 있을 수 있는데, 이런 기준이라 하더라도 상황에 따라 변화시켜 나갈 수 있어야 한다. 나는 이렇게 살아야 한다든가, 나는 이런 것을 절대 할 수 없다고 하는 규칙은 없다. 세상이 내 중심으로 돌아가지 않기 때문에, 세상이 자기에게 맞추기를 원하지 말고, 나를 세상에 맞출 준비를 항상 하고 있어야 한다. 과거에 남자가 부엌에 들어가는 것이 금지되던 시대도 있었으나, 오늘날에는 남자들도 요리하는 경우가 많아진 것같이 시대의 흐름에 따라 자신을 변화시켜야 한다. 시대의 요구가 있기 전이라도, 자신을 둘러싼 상황에 따라 능동적으로 변화시킬 수 있는 적극성이 필요하다. 상황과 사람을 살피고 그 속에서 적절한 자신의 역할을 발견하여 실천하는 것이 깨어있는 자세다. 젊었을 때는 젊음과 미적 아름다움을 추구하였다면, 나이가 들어서는 훈훈한 덕이 풍겨 나오는 아름다움을 추구할 줄 알아야 하고, 경우에 따라서는 젊었을 때의 미적 아름다움을 포기할 줄도 알아야 한다. 나이 들어서도 젊을 때와 같이 거울 앞에서의 아름다움만 추구한다면 스스로에게 아쉬움을 남기는 것이다. 나이 듦에 따라 자연히 사라질 수밖에 없는 미적 아름다움보다는 인간적 훈훈함과 덕성을 추구하는 것이 올바른 것이다.

아름다운 세상을 만들기 위해 무조건 양보하고 참기만 해서는 안 된다. 불편한 일이나 사람과 엮일 상황을 될 수 있는 대로 피하는 것이

상책이지만, 어쩔 수 없는 경우에는 이를 시정하기 위해 나서야 한다. 양식 없는 사람이 주변에 대해 불편을 초래하고, 시정 요구에도 고치지 않을 경우에는 이를 계속해서 참고 지내는 것이 아름다운 것은 아니다. 한 사람은 지속적으로 무례를 일삼는데, 다른 사람들이 지속적으로 참아야 하는 상황을 그대로 방치하면서, 시끄러운 일을 만들지 않는 것이 바람직한 사회는 아니다. 무례한 사람은 무례를 일삼고, 오히려 적반하장 격으로 나올 가능성이 크기 때문에 여기에는 정면으로 이의를 제기하여야 한다. 최초에는 부드러운 방법으로 이의를 제기하여 시정이 되면 다행이지만, 그런 사람들의 행위가 그 정도 선에서 멈춰지기 어려운 것이 대부분이다. 할 수 없이 시끄러운 상황이 발생할 수 있지만, 공공의 아름다움을 위해 고칠 것은 고쳐야 한다. 살아가는데 용기는 항상 필요하다.

언제 나서고, 언제 양보할 것인가도 그 사람의 가치관과 도(道)에 따라 다르다. 무조건적인 양보가 미덕이 될 수 없다. 그 기준을 정하는 것 자체가 어려운 것 같지만, 내공이 충분하다면 그다지 어려운 문제도 아닐 것이다.